名师名校名校长

凝聚名师共识
团结名师关怀
打造名师品牌
培育名师群体

顾明远题

跆拳有“道”

——深圳市龙华区龙华中心小学特色课程

徐世尧◎主编

中国文联出版社

图书在版编目（CIP）数据

跆拳有“道”：深圳市龙华区龙华中心小学特色课程 / 徐世尧主编. -- 北京：中国文联出版社，2025. 3. -- ISBN 978-7-5190-5812-8

Ⅰ. G624.81

中国国家版本馆CIP数据核字第2025H6C553号

主　　编　徐世尧
责任编辑　刘　旭
责任校对　秀点校对
装帧设计　刘贝贝　李　娜

出版发行　中国文联出版社有限公司
社　　址　北京市朝阳区农展馆南里10号　　邮编　100125
电　　话　010-85923025（发行部）　010-85923091（总编室）
经　　销　全国新华书店等
印　　刷　三河市龙大印装有限公司

开　　本　710毫米×1000毫米　　1/16
印　　张　8.5
字　　数　130千字
版　　次　2025年3月第1版第1次印刷
定　　价　68.00元

编委会

跆拳道

前言

在深圳市龙华区龙华中心小学，跆拳道不仅是一项体育运动，更是一种精神的传承和文化的体现。历经岁月的洗礼，跆拳道项目已经成为学校教育的重要组成部分，不仅培养了一代又一代的跆拳道爱好者，也为学生提供了全面发展的平台。今天，我们以学校的名义出版这本专著，旨在系统地介绍跆拳道的知识和技能，让更多的人了解并爱上这项充满活力的运动。

本书的创新之处在于，我们采用了卡通插图的形式，将跆拳道的动作以生动、形象的方式展现出来。这种创新的表达方式，不仅使动作的展示更加清晰，而且增加了学习的趣味性，让读者可以在轻松愉快的氛围中掌握跆拳道的技巧。

本书主要由四个部分构成，每一部分都经过精心编排，以确保内容的连贯性和实用性。

跆拳道概述：我们从跆拳道的历史渊源讲起，探讨其在不同文化中的演变和发展。本部分将深入介绍跆拳道的哲学基础，包括“礼仪、廉耻、忍耐、克己、百折不屈”的精神内涵，以及跆拳道在现代社会中的教育意义和价值。

跆拳道基础入门：对于跆拳道的初学者来说，这部分内容至关重要。我们将从最基本的站姿、步法、拳法和腿法开始，逐步引导读者掌握跆拳道的基础动作及训练原则，帮助读者建立基础的动作概念及要点。

跆拳道组合练习：在掌握了基础动作之后，组合练习将帮助读者进一步提高技术水平。本部分将提供一系列由浅入深的组合动作，每个动作都配有详细的动作要领和练习方法。通过不断的练习，读者将能够熟练掌握各种组合技巧，并在实践中不断提升自己的技术水平。

跆拳道实战技巧：实战是检验技能的重要方式。在这部分，我们将深入分析跆拳道在实战中的应用，包括攻防策略、技巧运用以及心理素质的培养。结合实际比赛案例，我们将为读者提供实用的战术指导和技巧训练建议，帮助读者在实战中更好地发挥自己的技能。

在本书的编写过程中，我们特别注重理论与实践的结合。在介绍每一个技术动作时，我们都力求做到图文并茂，让读者能够直观地理解动作要领。同时，我们还邀请了多位跆拳道界的资深教练和专家，他们丰富的教学经验和实战经验为本书的专业性和权威性提供了有力保障。

我们希望，这本专著的出版，不仅能够让读者系统地学习跆拳道的知识和技能，更能够激发他们对跆拳道的热爱和追求。跆拳道不仅是一项体育运动，更是一种生活态度和精神追求。我们相信，通过学习和实践跆拳道，每个人都能够在身体上和精神上得到锻炼和提升。

最后，我们要感谢所有支持和参与本书编写的专家、教练和师生。没有他们的辛勤工作和无私奉献，这本书是不可能出版的。我们期待更多的人通过阅读本书加入跆拳道的学习，并共同推动这项运动的发展和繁荣。

目 录

第一章　跆拳道概述

第二章　跆拳道基础入门

第三章　跆拳道组合练习

第四章　跆拳道实战技巧

第一章

第一节　跆拳道的起源与发展

一、跆拳道的释义

跆拳道的释义深刻地体现了跆拳道这项运动的多维价值和内涵。

作为一项历史悠久的格斗艺术，跆拳道运动不仅是一种身体上的锻炼，更是一种精神上的修养。它起源于朝鲜半岛，是一种结合了身体技巧、精神力量和哲学思想的全面武术。"TAEKWONDO"这个词本身就是对这项运动特点的精练描述："TAE"（跆）代表用脚踢击的技术；"KWON"（拳）象征用拳头进行攻击；"DO"（道）则体现了这项运动的哲学和道德层面，指导着练习者追求人生的正确道路和精神上的自我完善。

崔泓熙——跆拳道的创始人，前国际跆拳道联合会主席，在日本留学期间深受空手道的影响。崔泓熙不仅学习了空手道，还将之与自己幼年时期所学的朝鲜传统武术——跆跟相结合，经过不懈的探索和实践，最终创造出了今天我们所熟知的跆拳道。这种新型武术最初被称为"跆拳"，它不仅是一种自卫技术，更是一种精神文化的体现。

跆拳道的实践不仅是一种对抗性的竞技，更是一种精神的锻炼和道德的培养。通过花郎道的形式，年轻人被组织起来，通过共同的武艺锻炼，不仅锻炼了体魄，更磨炼了意志，还培养了忠诚、英勇和无畏的品质。这种组织形式强调了团队精神和集体荣誉感，同时体现了跆拳道在社会文化中的重要地位。

在现代跆拳道的实践中，运动员在长宽各8米的方形垫子上进行近距离的击打对抗。在比赛中，运动员运用横踢、下劈、后踢、旋踢、后摆等技术动

作，寻找击打时机，击打对方有效部位以得分。这些技术动作不仅要求运动员具有高超的身体协调性和力量，更要求他们具备快速反应和精准判断的能力。

跆拳道的精神力量是其最核心的部分。它不仅是一种体育运动，更是一种充满爱国热情和为正义献身的理想的精神追求。跆拳道练习者在追求技艺精进的同时，也在学习如何成为有责任感、有道德修养的人。

跆拳道的本义不仅仅局限于现代竞技体育的范畴，它还包括了其他丰富的内容，如品势（套路）、兵器、擒拿、摔锁、对练自卫术，等等。这些内容体现了跆拳道作为一种武术的深度和广度。现代跆拳道虽然只包含了品势、搏击和功力检验三部分，但其技术动作的简单、实用和易学，使其成为一种寓搏击、规范和教育于一身的体育运动。

总的来说，跆拳道是一种融合了身体、精神和哲学的全面的武术，练习者通过跆拳道不仅锻炼了身体，更培养了精神、提升了道德修养，从而体现了人与自然和谐共生的生活哲学。通过跆拳道的练习，人们可以在追求个人技艺提升的同时，培养自己的社会责任感，不断地探索和实现自己的人生价值。

二、跆拳道的精神

跆拳道精神是跆拳道运动的核心，它超越了身体技巧的层面，深入练习者的内在世界和道德修养。以下是对跆拳道精神的进一步阐述。

修身养性：跆拳道的实践不仅是一种身体上的锻炼，更是一种精神上的修养。它强调通过武术的练习来培养个人的品德和内在素质。鞠躬是跆拳道的一种重要礼仪，它体现了练习者之间的相互尊重，并表达了对彼此的敬意。这种礼仪不仅体现在跆拳道的练习和比赛中，也体现在日常生活中，强调了对他人的尊重和自我修养。

礼仪：跆拳道中的礼仪是练习者必须遵守的基本原则，强调对他人的尊重和礼貌，包括对教练、队友、对手等的尊敬。练习者通过言行举止展现出良好的素养和修养。礼仪的实践有助于培养练习者的社会责任感和对他人的关怀。

廉耻：廉耻是跆拳道精神的重要组成部分，它要求练习者具有辨别是非的能力，并对自己的行为负责。它使人知晓对错与荣辱，有明确的道德底线，不做违背良心和道德的事情，保持廉洁自律和羞耻之心。

忍耐：忍耐是跆拳道练习中的一种重要品质。它要求练习者在面对困难和挑战时，能够保持冷静和耐心，通过不断的努力和坚持来克服阻碍，达成目标。

克己：克己是指练习者能够克制自身的不良欲望和冲动，保持冷静和理智，以理性来约束自己的行为，从而实现自我管理和自我提升。这种自我控制的能力是内心强大的体现，也是跆拳道练习者在面对诱惑和挑战时能够保持坚定的关键。

百折不屈：百折不屈体现了顽强的斗志和坚定的信念。意味着无论遭遇多少次失败和挫折，都能保持积极的态度，继续勇往直前，不向困难低头，持续追求进步和成长。要求练习者无论遇到多么强大的对手或困难，都要保持坚定的信念和不屈不挠的精神，勇敢地面对挑战。

跆拳道通过品势、搏击和功力检验等形式，不仅锻炼了练习者的身体，更磨炼了他们的意志和品质。在“礼始礼终”的练习过程中，练习者学会了如何以礼仪和道德修养来指导自己的行为、如何通过自我控制和忍耐来克服困难，以及如何在面对挑战时展现出不屈不挠的精神。

跆拳道礼仪

1. 立正敬礼

立正是最基本的礼仪，身体直立象征着一个人内心的正直，同时可以表达出对他人的恭敬与尊重。而敬礼则是更进一步表达礼貌与敬重的礼仪形式。

动作要点

立正：两脚靠拢，双手握拳自然下垂放在身体两侧，拳心向内，目视前方。

敬礼：腰弯45°，头低30°。

立正　　敬礼

立正敬礼

2. 向国旗敬礼

国旗是一个国家的象征。跆拳道礼仪中向国旗致敬，表达了练习者对国家的忠诚和对民族的热爱。

动作要点

在立正的基础上，右手四指并拢伸直，拇指内屈，紧贴在虎口位置，置于左胸口前，收腹挺胸，目视国旗5秒。

向国旗敬礼

3. 学员之间敬礼

学员之间互相敬礼，既表达了对同伴的友爱，也培养了学员间的合作互助精神。合作互助是练习者在学习、工作和生活中都必不可少的一种良好品质。

动作要点

在立正的基础上，学员面对面保持一定的距离，同时腰弯45°，头低30°，相互敬礼。

学员之间敬礼

4. 准备式

跆拳道每个动作开始之前都要做准备姿势，用以说明练习者精神状态与身体状态已准备充分，可以进行正式的训练。

动作要点

在立正的基础上，左脚向左跨出一步，两脚之间保持一脚掌距离；双手四指并拢、拇指伸直，由下向上慢慢握拳，四指逐次握紧第一、第二、第三指关节，拇指放在食指和中指的第二指关节处。双拳旋转，慢慢向下至腰带位，双拳与腰带之间保持一拳距离，两拳之间同样保持一拳距离，拳心向下。整个过程大概需要8秒。

准备式

跆拳道的精神不仅仅局限于运动本身，它更是一种生活哲学，指导着练习者在日常生活中如何以高尚的品德和坚强的意志来面对各种挑战。通过跆拳道的练习，练习者不仅能够增强体质，掌握技术、战术，更能够培养出坚韧不拔的品质和良好的道德修养。

三、近代跆拳道的演变

近代跆拳道的演变是一个传统与现代、东方与西方文化交织融合的过程。在日本占领朝鲜半岛时期，朝鲜文化经历了剧烈的动荡。

1945年第二次世界大战的结束，为朝鲜带来了独立，国际政治环境和社会环境逐渐向好。那些在战乱中流离失所的朝鲜人开始回归，他们带回了世界各地的武艺，并将之与本土的传统技艺相融合，催生了新的搏击体系。崔泓熙就是在此时将朝鲜传统跆跟与日本空手道的元素结合，创立了现代跆拳道，最初命名为"跆拳"，后加上"道"字，便形成了我们今天所知的"跆拳道"。

跆拳道的普及与其在韩国军队中的推广密切相关。1959年，崔泓熙带领韩国国军跆拳道队不仅在韩国国内展示跆拳道的技艺，还跨越国界，到国外进行巡回演出，极大地推动了跆拳道的全球传播。韩国军队的跆拳道训练不仅提升了该国士兵的身体素质和战斗技能，也使跆拳道成为韩国军队文化的重要组成部分。随着韩国军队不断参与国际交流，跆拳道逐渐被更多国家和人民了解。

第二次世界大战结束后，韩国的军事存在和国际合作进一步推动了跆拳道的传播。驻韩美军以及韩国派驻国外的教练员、移民者、劳动者和留学生等，都在不同层面上推动了跆拳道的国际普及。这些多层次的传播途径，使跆拳道不仅作为一种体育运动，更作为一种文化现象，在全球范围内得到了广泛的认可和传播。跆拳道最终在2000年悉尼奥运会上成为正式比赛项目，这标志着其全球普及达到了一个新的高度。

跆拳道的发展受到了奥运会的显著影响。自从成为奥运会正式项目以来，跆拳道逐渐向更专业化和竞技化的方向发展。为了确保运动员的安全，世界跆拳道联盟（WTF）制定了严格的比赛规则和计分标准，特别强调对运动员头部和躯干的保护，这导致比赛中的得分点主要集中在这些区域，促使运动员更多

地采用腿部攻击，尤其是高难度的跳跃踢击。虽然这种以得分为导向的战术选择提高了比赛的观赏性和竞技性，但也引发了一些人对跆拳道实用性的误解。然而，跆拳道作为一项体育运动，其多面性不应被忽视。尽管现代竞技跆拳道在规则和技术上有所调整，但它仍然保留了丰富的传统技艺和哲学思想。许多跆拳道练习者和教练强调全面训练，包括力量、速度、灵活性、平衡和自我防卫技能，以及精神修养和道德教育。因此，奥运会对跆拳道的影响并没有削弱其作为综合性武术的价值。

跆拳道动作特征体现在其以自然行为动作为基础，通过波浪形的动作集中力量，展现出柔中带刚的特点。在基本动作中，跆拳道注重反作用力、精力集中、科学呼吸、保持平衡和速度。跆拳道融合了日本的空手道和朝鲜半岛的传统武术跆跟，具有浓厚的东方色彩，不仅攻击力强，也是有效展现形体艺术和强身健体的运动项目。

如今，跆拳道不仅是一项在全球范围内广受欢迎的体育运动，更是一种文化现象，其受欢迎程度和广泛的传播范围，不仅体现了这项武术的国际影响力，更彰显了其独特的文化价值和教育意义。跆拳道的普及超越了体育竞技的范畴，成为连接不同国家和文化的桥梁，促进了全球范围内的文化交流与理解。

跆拳道的全球普及得益于其易于学习和实践的特点，以及其强调的自律、尊重和勇气等价值观。这些价值观与世界各地的文化传统相契合，使得跆拳道能够迅速被不同背景的人们接受。此外，跆拳道的练习不仅能够提高练习者的身体素质，还能够使练习者具备坚韧不拔的意志和精神，这使得跆拳道成为一种全面塑造个人品格的运动。

随着跆拳道在世界各地的推广，各种国际比赛和锦标赛的举办，如世界跆拳道锦标赛和奥运会跆拳道比赛，跆拳道的国际地位得到进一步提高。这些高水平的竞技赛事不仅展示了跆拳道运动员的卓越技艺，也成为各国文化交流和体育精神展示的平台。

跆拳道的全球普及也带动了相关产业的发展，包括跆拳道装备制造、教练培训、体育旅游等。同时，跆拳道作为一种教育工具，被许多学校和社区机构纳入课程，用以培养学生的团队精神、自我防卫能力和健康生活方式。

总的来说，跆拳道已经成为全球文化多样性的重要组成部分，其深远的受欢迎程度和广泛的传播范围，不仅促进了体育精神的传播，也加深了人们对这一武术背后文化和哲学的理解，体现了跆拳道作为一项体育运动和一种文化现象的双重价值。

第二节　我国的跆拳道发展历史

一、我国竞技跆拳道发展历史

自1988年汉城奥运会跆拳道作为表演项目首次亮相以来，这一源自朝鲜半岛的格斗技术逐渐受到全球关注。经过不懈努力，跆拳道在1994年被列为2000年悉尼奥运会的正式比赛项目，开启了其作为奥运正式比赛项目的新篇章。

中国跆拳道运动的起步可以追溯到1992年10月7日，中国跆拳道协会筹备小组的成立，标志着跆拳道在中国的正式开展。尽管起步较晚，但中国跆拳道展现出迅速发展的势头。1994年9月，首届全国跆拳道比赛在昆明举行，吸引了众多选手参与。1995年，中国跆拳道协会成立，并成为世界跆拳道联盟的正式会员，为中国跆拳道的国际交流和竞技水平提升打下了坚实基础。

中国跆拳道运动在国际舞台上的首次突破发生在1996年，当时中国选手在亚洲跆拳道锦标赛上获得铜牌。此后，中国跆拳道队在国际比赛中屡创佳绩，如1997年在东亚运动会和英国国际A级跆拳道比赛中取得多枚奖牌，1998年贺璐敏在越南举办的第13届亚洲跆拳道锦标赛上为中国赢得该项运动首枚国际比赛金牌。1999年，王朔在加拿大埃德蒙顿举办的世界跆拳道锦标赛上夺冠，实现了中国跆拳道运动员在世界大赛中的首次登顶。这些成绩不仅展现了中国跆拳道运动员的实力，也反映了中国跆拳道运动的快速发展和在国际竞技体育中的地位。

随着2000年悉尼奥运会将跆拳道列为正式比赛项目，中国跆拳道的发展迎来了重要的转折。奥运会的竞技舞台为跆拳道运动员提供了更广阔的展示空间，同时为中国跆拳道运动的进一步发展注入了新动力。

在2000年悉尼奥运会上，中国跆拳道运动员陈中在跆拳道女子67公斤以上级项目中夺冠，开启了中国跆拳道在国际舞台上的辉煌篇章。这一胜利不仅为中国跆拳道运动赢得了荣誉，也极大地激发了国内对这项运动的关注和热情。

进入21世纪，中国跆拳道运动迎来了快速发展的黄金时期。在2004年雅典奥运会上，陈中再次夺冠，与罗微一同为中国代表团增添了两枚宝贵的金牌。这一成就不仅刷新了中国跆拳道的历史纪录，也标志着中国跆拳道运动的竞技水平已经跻身世界前列。

然而，尽管取得了显著的成绩，中国跆拳道在发展过程中也面临着一些挑战。首先，男女运动员的发展并不平衡，女子跆拳道项目在大公斤级别上取得了显著成绩，但在小级别上相对薄弱，而男子跆拳道项目起步较晚，面临更多挑战。此外，尽管中国跆拳道运动员在技术和体能上并不逊色于其他国家的优秀运动员，但在比赛经验和心理素质方面仍有提升空间。

2005年以后，中国跆拳道运动的普及和发展进一步加快。全国性的跆拳道赛事吸引了越来越多的参与者，显示出中国跆拳道运动的广泛群众基础和社会影响力。2007年的全国跆拳道锦标赛就是一个明显的例子，它不仅展示了中国跆拳道运动的高水平，也预示着这项运动在中国的发展前景。

在2008年北京奥运会上，中国跆拳道队继续保持优势，吴静钰在女子49公斤级项目中夺冠，而朱国在男子80公斤以上级项目中获得季军，实现了中国跆拳道男子在该项目上的奥运奖牌突破。

自2008年北京奥运会以来，中国跆拳道运动取得了显著的发展和进步。在奥运会等国际大赛上，中国跆拳道队屡创佳绩，如吴静钰在2008年北京奥运会上获得女子49公斤级金牌，赵帅在2016年里约奥运会上实现男子58公斤级奥运金牌零的突破。这些成绩的取得，不仅彰显了中国跆拳道运动员的高水平，也体现了中国跆拳道队在训练和管理上的创新和突破。

中国跆拳道队的成功，得益于对训练方法的不断革新和对科技的积极应用。例如，引入加压训练仪，通过控制血液循环提高运动员的肌肉爆发力和耐

酸能力，显著提升了训练效果。此外，中国跆拳道队还实行了级别教练负责的新管理模式，让有潜力的运动员获得高水平的指导和平等的发展机会，促进了全队的竞争力和整体水平的提升。

在政策支持和市场规范化方面，中国跆拳道协会的成立及相关政策的出台，为跆拳道运动的普及和提高提供了坚实的基础。通过加强青少年培养和新老交替，中国跆拳道队逐渐打造出一支实力强劲的年轻队伍，为未来的国际赛事做好了充分的准备。同时，中国跆拳道队还积极参与国际交流和文化推广活动，提升了中国跆拳道的国际形象和影响力。

随着中国跆拳道运动的不断发展和进步，未来的发展目标更加明确，即在保持竞技水平的同时，进一步推动跆拳道文化的普及，并不断提高国民体质。中国跆拳道协会和相关组织正致力于通过举办更多的国内外赛事、加强青少年培训体系以及推广跆拳道运动的精神和价值观来实现这一目标。此外，中国跆拳道队也在继续加强与国际跆拳道界的交流与合作，学习借鉴国际先进的训练方法和竞赛经验，不断提升中国跆拳道在国际舞台上的竞争力。通过这些措施，中国跆拳道运动不仅能够在奥运会等重大赛事中取得优异成绩，更能在全球跆拳道发展中发挥更加积极和重要的作用。

展望未来，中国跆拳道运动有望在国际竞技体育中占据更加重要的地位，同时，也将为推动全民健身运动、提升国民健康水平做出更大的贡献。通过不懈努力和持续创新，中国跆拳道运动的明天将更加辉煌。

二、我国大众跆拳道发展历史

跆拳道以其独特的精神价值被引入中国。跆拳道不仅要求练习者展现出谦逊和完善的人格，还强调勇猛善战、敢打敢拼的精神，这些都是现代社会所推崇的品质。

跆拳道的竞赛规则简单明了，以腿法为主要攻击方式，强调动作的流畅和力量，这不仅使得跆拳道比赛充满观赏性，也体现了对抗性运动的魅力。世界跆拳道联盟通过严格的制度规定，对跆拳道的教学、晋级、考核和管理进行规范，以确保这项运动在全球范围内健康发展。跆拳道以道馆或俱乐部为基本的传播载体，以健身、精神修炼和娱乐为理念，涵盖礼仪、品势、腿法、步法、自卫术和竞技等内容。

跆拳道的引入和推广，不仅激发了人们吃苦耐劳、顽强拼搏的精神，而且通过其礼仪教育，培养了练习者的社会责任感和优秀品质。这些因素共同作用，使得跆拳道在全球范围内得到广泛认可和流传。在中国，大众跆拳道的自发开展，为这项运动在中国的长远发展奠定了坚实的基础，逐渐形成了具有中国特色的跆拳道发展模式。

1995年，中国跆拳道协会的正式成立成为中国大众跆拳道运动发展的重要里程碑。中国跆拳道协会由此成为世界跆拳道联盟的正式会员单位，使中国跆拳道运动进入了有组织、有计划的全新发展阶段。随着体育体制改革的深入，中国跆拳道协会在2007年4月颁布了一系列管理规定，如《大众跆拳道裁判员管理规定（暂行）》等，这些规定极大地推动了全国大众跆拳道的发展。

在2000年悉尼奥运会上，陈中摘得金牌让跆拳道一夜之间成为全国关注的焦点。到了2004年10月，中国跆拳道队在国际赛事中已累计获得3个奥运冠军和数十枚世界及洲际奖牌。这些成绩的取得，不仅提升了中国跆拳道在国际竞技舞台上的地位，也促进了大众跆拳道的初步发展。全国各地开始纷纷成立跆拳道协会，跆拳道俱乐部和场馆如雨后春笋般涌现，尤其在北京市，注册的道馆数量超过百家，每次比赛都能吸引近千人参与，跆拳道的社会影响力日益扩大。

为了规范大众跆拳道市场，中国在2004年开始实施一系列举措，包括制定会员注册、培训、考试和竞赛等环节的标准和管理规定。此外，还举办了教练员和裁判员的晋级、晋段考试官培训班。这些活动的组织不仅推动了跆拳道运动的发展，也为我国大众跆拳道运动培养和储备了大量专业人才。

随着跆拳道逐渐成为一种时尚的健身运动，它受到了社会各界尤其是青年和学生的广泛喜爱。练习者数量众多，参与热情高涨。跆拳道的普及和发展，使得更多人开始专门从事这项运动，它在“全民健身计划”中发挥了重要作

用，成为大众健身的热门选择之一。

自2005年起，中国大学生体育协会跆拳道分会每年举办的大学生和中学生跆拳道锦标赛，已成为推动学校大众跆拳道发展的重要赛事。在2006年，中国首届大众跆拳道锦标赛在广州成功举行，这一赛事每年举办一次，成为国内极具影响力的比赛。随着地方性大众跆拳道比赛的不断涌现，跆拳道作为一项运动逐渐成熟并深入人心，成为公众健身的普遍选择。在随后的几年里，中国跆拳道协会采取了一系列措施来推广和发展大众跆拳道。2008年北京奥运会的举办，让跆拳道获得了空前的关注，激发了国内对跆拳道运动的广泛兴趣。2010年广州亚运会再次将我国大众跆拳道推向了高潮，进一步推动了大众跆拳道的普及。2011年，中国跆拳道协会实施了跆拳道段位制，为跆拳道爱好者提供了标准化的等级认证体系，增强了跆拳道训练的系统性和专业性。在2013年的第十二届全国运动会上，跆拳道作为正式比赛项目，进一步促进了大众跆拳道的普及和提高。2015年，中国跆拳道协会举办的全国跆拳道公开赛吸引了众多国内外选手，提升了中国跆拳道的国际影响力。2016年推出的“跆拳道进校园”计划，通过教育系统推广跆拳道，提升了青少年对跆拳道的兴趣。2017年，中国跆拳道协会继续举办全国大众跆拳道锦标赛，进一步规范了大众跆拳道的竞赛体系。2018年，中国跆拳道协会加强了对教练员和裁判员的培训，提高了他们教学和执裁的专业水平。2019年，全国大众跆拳道冠军赛的举办，为跆拳道爱好者提供了一个高水平的竞技平台，展现了中国大众跆拳道的竞技实力和精神风貌。

跆拳道以其防身和重礼的特点，吸引了包括青少年、上班族在内的广泛群体的兴趣。据统计，目前中国的跆拳道爱好者已超过5000万人，这为竞技跆拳道的发展提供了坚实的群众基础，预示着跆拳道在中国的快速发展。

中国跆拳道的可持续发展依托于坚实的组织基础和规范的管理。中国跆拳道协会作为行业的引领者，肩负着制定标准、培养人才、推广文化的重要职责。通过加强与国际跆拳道组织的交流合作，引入先进的训练理念和方法，中国跆拳道将不断提升其国际竞争力。同时，各地跆拳道组织高度重视青少年培训，通过在学校和社区开展跆拳道教育，培养青少年对这项运动的兴趣，为跆拳道的长远发展打下了良好的基础。

跆拳道的普及和发展离不开专业人才的支撑。中国跆拳道协会加大了对教练员、裁判员的培训力度，从而提高他们的专业水平和教学能力，并通过举办各类培训班和晋级考试，培养出一批又一批高水平的跆拳道人才。同时，科学训练和技术创新也是推动跆拳道可持续发展的关键。运用现代科技手段，如在线教学、数据分析等，可以提高运动员的训练效率，减少运动员受伤风险，延长运动员的职业生涯。

社会责任和文化传承是跆拳道运动可持续发展的核心。作为一项具有深厚文化底蕴的运动，跆拳道不仅要在竞技层面取得成绩，更要在推广过程中弘扬其精神价值。通过公益活动和文化交流，跆拳道可以传播正能量，促进社会和谐。同时，将跆拳道与旅游、健康等产业相结合，开发相关产品和服务，可以拓展跆拳道的产业链，创造更多的经济效益和社会效益。通过这些综合措施，中国跆拳道将走上一条健康、稳定、可持续的发展道路。

第三节　跆拳道的组织与赛事

一、早期跆拳道的组织与赛事

跆拳道的起源可以追溯到朝鲜半岛的“三国时代”，当时的武术活动虽然受到政治环境的影响，但在民间依然有着深厚的基础。高句丽、百济和新罗时期的武术形式，如壁画和雕塑所示，已经展现出跆拳道的早期形态。李朝时期，尽管官方对武术的重视程度有所下降，但民间的武术练习并未中断，“手搏”和“跆跟”等技艺在民间和军队中仍在流传。

第二次世界大战后，随着朝鲜的独立，朝鲜传统武术得到了迅速的发展和普及。许多韩国武术家开始在韩国国内开设道馆，传授技艺，同时，流落海外的朝鲜人也将世界各地的武术技艺带回朝鲜，促进了朝鲜武术的多样化和融合。为了统一和发展朝鲜武术，1955年，跆拳道被正式统一命名，1961年，韩国成立了唐手道协会（后更名为跆拳道协会），标志着跆拳道运动开始走向正规化和国际化。

二、近代跆拳道的组织与赛事

近代跆拳道的发展见证了两个相关国际组织的成立：国际跆拳道联合会（ITF）和世界跆拳道联盟（WTF）。这两个组织对跆拳道的理解和推广有着不同的侧重点，ITF更注重传统跆拳道的全面性，而WTF则更侧重于竞技跆拳道的发展。

1973年，第一届世界跆拳道锦标赛在首尔举办，标志着跆拳道开始在国际舞台上崭露头角。WTF的成立及其制定的一系列规章制度，推动了跆拳道向竞技体育的转型，强调了比赛的竞技性和观赏性。WTF的成立也促进了跆拳道教学、训练和竞赛体系的科学化和系统化。

1980年，WTF被国际奥委会正式承认，这是跆拳道发展史上的一个重要里程碑，极大地提升了跆拳道的国际地位和影响力。1983年，女子跆拳道比赛的增设，进一步丰富了跆拳道的竞赛形式，提高了女性在这项运动中的参与度。

1986年，跆拳道成为亚运会的正式比赛项目，在1988年汉城奥运会上，跆拳道作为表演项目首次亮相，为跆拳道进入奥运会奠定了基础。1994年，跆拳道被正式列入2000年悉尼奥运会的比赛项目，标志着跆拳道成为全球公认的奥林匹克运动项目。

自2000年成为奥运会正式比赛项目以来，跆拳道在全球范围内得到显著的发展，其影响力和参与度急剧上升。中国跆拳道队在奥运会上取得的卓越成就，如陈中在2000年悉尼奥运会上获得金牌，不仅标志着中国跆拳道的崛起，也体现了中国跆拳道在国际舞台上的竞争力。世界跆拳道联合会的成立和发展，及其组织的世界跆拳道锦标赛、世界杯等赛事，进一步推动了跆拳道的国际普及和竞技水平的提升。规则标准化和多样化的赛事为跆拳道运动员提供了更广阔的竞技平台，而跆拳道的精神价值——“礼仪、廉耻、忍耐、克己、百折不屈”，也在全球范围内得到了弘扬和尊重。同时，残疾人跆拳道的发展体现了这项运动的包容性，使更广泛的群体能够参与其中。

跆拳道的组织与赛事发展不仅展示了这项运动的国际影响力，也反映了其在传统与现代、地区与全球之间的融合与发展。通过各种国际比赛和组织的努力，跆拳道已经成为连接不同文化、促进国际交流的重要桥梁，它不仅成为一项在全球范围内广受欢迎的体育运动，更成为一种传播友谊、尊重和卓越精神的文化现象。

第二章

跆拳道

基础入门

第一节　跆拳道的基本手法

跆拳道以其快速、高跳、旋风踢等特点和技巧而闻名。在跆拳道的练习中，手法（手部技巧）与腿法（腿部技巧）同样重要，它们共同构成了这项武术的基础。跆拳道手法是跆拳道技巧的重要组成部分，它们与跆拳道腿法相结合，形成了跆拳道攻防的基础。跆拳道的基本手法包括但不限于拳法，如快速而有力的正拳，以及用于防御的格挡技术，包括内挡、外挡、上挡和下挡。此外，手刀、肘击、抓握和擒拿技巧也是跆拳道手法的一部分（尽管在现代竞技跆拳道中，肘击和擒拿的使用受到限制）。练习者还需掌握正确的防守姿势和灵活的步法，以提高攻击的准确性和防御的有效性。跆拳道手法训练强调速度、力量和技巧的连贯性，以确保练习者能够在实战中灵活运用各种手法进行攻防。

一、正拳

正拳，也被称作冲拳或直拳，在跆拳道中是一种基础而重要的拳法。这种拳法以其直接、迅速和力量感著称，通常是直线出击，以身体的核心力量驱动。在执行正拳时，练习者会利用转腰和肩膀的动作来增强出拳的冲击力。正拳的攻击目标通常是对手的胸部、腹部等中线区域，对这些部位的打击可以有效干扰对手的呼吸节奏和攻防平衡。在品势练习和竞技比赛中，正拳都是一项经常被用到的技术，它不仅考验练习者的力量和速度，也考验其技巧和控制能力。正确的正拳技巧需要身体各部分协调一致，包括步法、腰部旋转、肩膀的应用以及拳头的准确击打。

1. 动作要点

（1）以马步姿势站立，为发力提供稳固基础。双拳紧握，置于身体两侧腰带部位，准备出击。

（2）左手手臂向内旋转，利用身体核心力量带动手臂直线击出，保持手臂伸直，准确发力。

（3）正拳以食指和中指关节根部的突出部分击打对手胸部或腹部等目标区域，确保击打的准确性和效果。

2. 教学提示

（1）四指并拢，拇指内屈紧贴虎口，形成稳固的握拳姿势，避免在击打时受伤。

（2）正拳的力量源自身体核心，通过腰、肩、臂的协调运动，将力量有效传递到拳头。

（3）在击打时，利用食指和中指关节根部的突出部分，以增强击打的穿透力和效果。同时，要注意动作的快速回收，以保持防守状态。

正拳

二、锤拳

锤拳，又被称为锤子拳，是跆拳道中一种特殊的拳法，以其独特的击打方式和力量运用而闻名。它不同于传统的正拳或直拳，锤拳主要利用拳头小指侧边的柔软部位进行攻击，这样的设计可以在减少自身受伤风险的同时，对对手造成有效击打。在执行锤拳时，练习者需要从马步姿势开始，先将拳头向上举起至适当高度，然后通过肩膀和核心肌群的协调发力，向前下方快速而准确地锤击目标。正确的握拳方式和身体力量的运用对于发挥锤拳的效果至关重要，在击打过程中拳头必须保持紧握状态，以确保力量的集中和传递。锤拳在实战中可以用于近身搏斗，或针对对手的防守漏洞予以快速打击，是跆拳道技术体系中不可或缺的一部分。

1. 动作要点

（1）与正拳握法相同，四指并拢，拇指内屈紧贴虎口，形成稳固的握拳姿势。

（2）以马步姿势站立，左手向前伸直，手掌张开准备接拳；右手握拳向上举起至适当高度，拳心向内，虎口朝上。

（3）右拳利用小指侧边的柔软部位，向前方正中间下锤击，击打在左手手掌上，注意使用正确的身体力量和拳头部位。

2. 教学提示

（1）在锤击的过程中，右拳必须握紧，以确保击打时力量集中，避免拳头松动。

（2）锤拳时要注意力量的控制和传递，使用身体的核心力量来增强锤击的效果。

（3）确保使用小指侧边的柔软部位进行击打，以发挥锤拳的最佳效果，并降低手部受伤的风险。

锤拳

三、外摆拳

跆拳道中的外摆拳是一种以拳背为击打点的特殊拳法，其动作特点是在出拳过程中手臂向外旋转，利用这种旋转的力量来增强拳背的攻击力。

1. 动作要点

（1）起始于马步姿势，双拳紧握，手臂交叉，右拳置于左腰侧，左拳置于右肩上方。

（2）双手在胸前交叉，右拳由下向上做外旋转动作，拳背朝外，击向目标。

（3）左拳同时由上向下挥动，回到左腰侧，保持动作的连贯性和协调性。

2. 教学提示

（1）执行外摆拳时，注意手臂保持适度弯曲，不要完全伸直，以增加击打力度和保护关节。

（2）利用身体核心和肩膀的力量来增强拳背的击打效果，而不能仅仅依靠手臂的力量。

（3）动作过程中，要保持身体平衡和稳定，避免因用力过猛而失去控制。

外摆拳

四、后摆拳

后摆拳是一种利用拳背进行击打的拳法，其动作特点是通过身体的快速旋转来增加拳头的动量和力量，以达到攻击对手的效果。

1. 动作要点

（1）从实战姿势开始，双拳交叉，右拳置于左腰侧，左拳置于右肩上。

（2）以右脚为轴，身体迅速向右后方转动180°，转换为相反的实战姿势。

（3）在转身的同时，右拳利用身体的旋转力量迅速向前出击，以拳背击打目标，左拳收回至左腰侧。

2. 教学提示

（1）执行后摆拳时，手臂应伸直，虎口朝上，确保击打的力度和准确性。

（2）转身要迅速而稳定，利用腰腹力量带动整个身体旋转，增强拳法的攻击力度。

（3）动作完成后，要迅速恢复到实战姿势，保持对对手的警惕并准备进行下一步动作。

后摆拳

五、上勾拳

上勾拳是一种以食指和中指关节根部的突出部分攻击对方身体腰带以上正侧面部位的拳法，如下颌或腹部。这种拳法通常在近距离作战中被使用，以其突然性和爆发力给对手造成意外击打。

1. 动作要点

（1）从弓步姿势开始，左脚（或右脚，取决于使用者的惯用手）在前，双手握拳。

（2）左手向前伸直，作为假动作或干扰对手，同时右拳放于右侧腰带位置。

（3）紧接着，右拳向上勾击，手臂向内弯曲，以产生向上的击打力量，左拳可以放在右臂上以增加击打的力量或作为防御动作。

2. 教学提示

（1）上勾拳的发力要突然而有力，利用腿部和腰部的力量来增加击打的力量。

（2）在执行上勾拳时，要保持身体的平衡，避免因用力过猛而失去稳定性。

（3）动作完成后应立即恢复到防守姿势，准备应对对手的反击或进行下一步攻击。

上勾拳

六、内勾拳

内勾拳是一种攻击拳法，属于勾拳的范畴，其动作特点是从身体侧面向外扩展然后旋转发力，用以击打对手的侧面或内部目标。

1. 动作要点

（1）从马步姿势开始，双手握拳，保持身体稳定。

（2）左拳向前伸直，可以作为干扰或假动作，同时右拳放于右侧腰带位置。

（3）右拳先向外扩展，然后旋转向前发力，形成一个从外向内的攻击弧线，左拳同时收至左侧腰带位置。

2. 教学提示

（1）出拳时，前臂应与肩膀平行，并向内弯曲与上臂成大约90° 角，以确保攻击的有效性。

（2）虎口向内，这样可以更好地控制攻击的方向和力度。

（3）内勾拳的发力要突然而有力，利用身体核心的力量来增加击打的力量。

内勾拳

七、单手刀

单手刀是指一只手呈手刀姿势，另一只手握拳，用手刀对对手进行强有力的砍击。单手刀根据砍击方向的不同，可以分为内砍和外砍两种。

（一）内砍

内砍是单手刀的一种形式，其特点是使用手刀从身体的外侧向内侧进行砍击。这种砍击动作通常用于攻击对手的颈部、面部侧面或者身体侧面。

1. 动作要点

（1）从马步姿势开始，保持身体稳定和平衡。

（2）右手四指并拢伸直，拇指内屈紧贴虎口位置，形成手刀姿势，放于肩膀外侧。

（3）左手握拳，手臂伸直，拳心向下，准备向后顶肘。

（4）右手由外向内旋转横砍，利用手掌外侧的软骨部位（靠近小指的一侧）击打目标。

（5）右手内砍的同时，左臂向后顶肘，拳心向上，双手同时发力。

（6）双眼应始终注视目标，保持注意力集中。

2. 教学提示

（1）在练习内砍时，要注意使用腰和肩膀的力量来增加砍击的力度，而不能仅依靠手臂。

（2）力达手掌外沿，确保砍击的准确性和力量。

（3）练习时要注意身体的协调性，双手可以互换进行手刀练习，以提高双侧的攻击能力。

内砍

（二）外砍

外砍是单手刀的另一种形式，与内砍相反，它是从身体的内侧向外侧进行砍击。这种技术常用于攻击对手的颈部、面部或身体外侧。

1. 动作要点

（1）从三七步（一种站立姿势，身体重心主要放在后脚）开始，保持身体稳定。

（2）双臂交叉，左手形成手刀姿势，四指并拢，拇指内屈紧贴虎口位置，掌心向内，置于右腰侧。

（3）右手握拳，位于左肩前，拳心向内，准备向后顶肘。

（4）左手刀由下向外横砍，利用手掌外侧的软骨部位（靠近小拇指的一侧）击打目标。

（5）左手横砍的同时，右臂向后顶肘，拳心向上，双手同时发力，力量均衡分配。

（6）右手执行外砍动作时，方法与左手相同，但方向相反。

2. 教学提示

（1）练习外砍时，要利用腰和肩膀的力量来增加砍击的力量，确保力量的有效传递。

（2）注意力要集中在手掌外沿，这是砍击的主要发力点，确保击打的准确性和力量。

（3）在动作过程中，保持双眼始终注视目标，以提高攻击的精准度。

练习时要注意身体的协调性和平衡，双手可以交替练习，以提高双侧的攻击能力。

外砍

八、双手刀

双手刀是跆拳道中的一种双手协调攻击技术，其动作特点是通过双手同时使用手刀姿势对对手进行有力击打。

1. 动作要点

（1）从三七步姿势开始，保持身体平衡，准备发力。

（2）双手形成手刀姿势，四指并拢伸直，拇指放置于虎口位置，掌心向内。

（3）左手由后向前上方旋转横砍，掌心倾斜45°，利用手掌外侧的软骨部位击打目标。

（4）右手同时由后向前进行平刺动作，掌心向上，攻击对手的腹部或其他适当部位。

（5）双手同时发力，力量均衡分配，以确保攻击的协调性和效果。

2. 教学提示

（1）在准备双手刀时，右手向后伸直，位置应控制在腰带和肩膀之间，既不低于腰带，也不高于肩膀，掌心向下，为攻击做好准备。

（2）利用腰和肩膀的力量来增强双手刀的攻击力，而不能仅仅依靠手臂力量。

（3）双眼始终注视目标，保持注意力以提高攻击的准确性和反应速度。

（4）动作过程中要注意身体的协调性和平衡，双手动作要同步，以发挥最大效果。

双手刀

九、背刀

背刀，也称为“逆手刀”，是跆拳道中一种利用手掌的虎口和食指侧部进行砍击的技术。这种技术与其他手刀技术类似，但使用的部位和攻击目标有所不同。

1. 动作要点

（1）从马步姿势开始，保持身体稳定，准备发力。

（2）右手形成手刀姿势，四指并拢，拇指内屈紧贴虎口位置，放于腰带部位，掌心向上。

（3）左手握拳，手臂伸直，拳心向下，准备向后顶肘。

（4）右手刀由外向内砍击，利用虎口和食指外侧的坚硬部位击打目标，如对手的颈侧动脉或大腿内侧。

（5）右手刀砍击的同时，左臂向后顶肘，双手同时发力，力量均衡分配。

2. 教学提示

（1）在用背刀砍击的同时，手臂要向内旋转，以加大砍击的力量。

（2）砍击时要注意手腕的稳定性，避免在攻击过程中受伤。

（3）练习时要注意身体的协调性和平衡，双手动作要同步，以发挥最大作用。

（4）背刀的攻击目标较为特殊，通常是对手的敏感部位，因此在实战中需要谨慎使用。

背刀

十、推掌

推掌是一种常见的武术掌法，在跆拳道中也是一种基础而实用的技术。它主要利用手掌的力量进行直接的推击，目标通常是对手的下颌、颈部或其他较为脆弱的部位。

1. 动作要点

（1）从弓步姿势开始，左脚（或右脚，取决于使用者的惯用手）在前，为推掌提供稳固的支撑。

（2）右手四指并拢伸直，拇指内屈并紧贴虎口位置，手掌绷紧，掌心向前，放于右肩外侧。

（3）左手握拳，手臂伸直，拳心向下，准备向后顶肘，以增强推掌的力量。

（4）右手从后向前直推，用掌根（手掌的根部，位于手腕上方的厚实部位）发力击打目标，如对手的下颌或颈部。

（5）在右掌向前推的同时，左臂向后顶肘，双手同时发力，力量均衡分配。

2. 教学提示

（1）推掌时，力量要大，速度要快，以确保攻击的突发性和有效性。

（2）推掌的攻击应准确无误，直接对准对手的脆弱部位，如下颌或颈部。

（3）在执行推掌时，要注意身体的协调性和平衡，保持稳定的姿势。

（4）练习时，要注意手掌的绷紧和放松，以避免攻击后的过度紧张。

❶ 

❷ 

❸ 

推掌

十一、熊掌

熊掌是一种跆拳道技术，其特点是使用手指的第二指关节处进行击打，类似于手刀的握法，但手指和拇指的位置有所不同。这种技术通常用于攻击对手的腹部、肋骨或其他较为柔软的部位。

1. 动作要点

（1）从马步姿势开始，保持身体稳定，双脚分开与肩同宽，双膝微屈。

（2）右手形成熊掌姿势，四指并拢，拇指弯曲紧贴虎口位置，但与食指稍微分开，掌心向上。

（3）左手握拳，手臂伸直，拳心向下，准备向后顶肘，以增强熊掌击打的力量。

（4）右手由后向前旋转击打，用四指的第二指间关节部位（即手指的中间关节）击打目标，掌心向内。

（5）在右手旋转击打的同时，左臂向后顶肘，拳心向上，保持身体的平衡，并进入准备反击的姿态。

（6）双手同时发力，力量均衡分配，确保击打动作的协调性和效果。

（7）注视目标，确保对攻击目标的清晰视野，并保持注意力集中。

2. 教学提示

（1）注意拇指的正确位置，弯曲紧贴虎口，但不能紧贴食指，以避免在击打时受伤。

（2）在击打时，集中力量在四指的第二指间关节处，这是熊掌技术的主要攻击点。

（3）练习时，要注意动作的准确性和力度，同时保持身体的协调性和平衡。

（4）熊掌的击打动作要迅速、准确，以确保能够有效地攻击对手的脆弱部位。

熊掌

十二、掌击

掌击是一种跆拳道常用技术，其动作特点是使用手掌的竖起部位（特别是手掌外侧的根部）快速有力地击打目标。这种技术通常用于攻击对手的面部、下颌或身体侧面。

1. 动作要点

（1）从前行步（一种移动步法，用于接近对手或扩大攻击范围）开始，准备执行掌击。

（2）右手四指并拢，拇指紧贴虎口位置，手掌绷紧，准备从后向前击出。

（3）左手握拳，手臂伸直，拳心向下，准备向后顶肘，以增强掌击的力量。

（4）右掌由后向前快速击出，手掌竖起，用手掌外侧的根部（靠近小指一侧的掌根部位）击打目标。

（5）在右掌击打的同时，左臂向后顶肘，双手同时发力，保持力量均衡分配。

2. 教学提示

（1）在执行掌击时，要充分利用腰部的扭转力量来增加掌击的力量和速度。

（2）掌击的攻击应准确无误，直接对准对手的脆弱部位。

（3）练习时，要注意身体的协调性和平衡，保持稳定的姿势。

（4）掌击可以配合虎足步（一种强力的步法，用于增强攻击的力度和突发性）来练习，以提高攻击的效果。

掌击

十三、内挡防御

内挡防御是跆拳道中用于防御对手攻击的一种基本防守动作，特别是针对对手可能对躯干中线，尤其是胸口部位发起的攻击。这种防御动作的目的是保护身体的重要部位，同时为反击创造条件。

1. 动作要点

（1）从马步姿势开始，保持身体稳定，双脚分开与肩同宽，双膝微屈。

（2）双手握拳，左臂伸直，拳心向下，准备进行格挡动作。

（3）右臂弯曲，拳头放置于右肩外侧，准备进行内挡防御。

（4）右手由后向前进行内旋转动作，拳心最终向内，与肩部同高，形成防御姿势。

（5）在右手旋转的同时，左臂贴着身体向后顶肘，拳心向上，保持身体平衡。

（6）双手同时发力，力量均衡分配，确保防御动作的稳固性。

2. 教学提示

（1）腰背挺直，收腹挺胸，维持良好的防守姿态和身体结构。

（2）目视前方，提高对对手动作的警觉，并保持注意力集中。

（3）在练习内挡防御的过程中，每个动作都要伴随着发声，这有助于提高发力的力度和气势。

（4）力达手腕，确保防御动作的准确性和力度，同时降低自身受伤的风险。

内挡防御

十四、外挡防御

外挡防御是跆拳道中用于防御来自身体外侧攻击的技巧，与内挡防御相对，主要目的是将对手的攻击向外侧引导，从而使自己免受伤害。

1. 动作要点

（1）从马步姿势开始，保持身体稳定，双脚分开与肩同宽，双膝微屈。

（2）双手握拳，手臂交叉，右拳置于左腰侧，左拳位于右肩上方，拳心向内。

（3）右臂由下向外旋转，动作要迅速而有力，与肩同高，拳心最终向下，用来抵挡外侧的攻击。

（4）在右臂旋转的同时，左臂向后顶肘，拳心向上，保持身体平衡并进入准备反击的姿态。

（5）双手同时发力，力量均衡分配，确保防御动作的稳固性。

2. 教学提示

（1）格挡的高度要与肩膀持平，确保能够有效地抵挡来自对手的攻击。

（2）腰背挺直，收腹挺胸，维持良好的防守姿态和身体结构。

（3）目视前方，提高对对手动作的警觉，并保持注意力集中。

（4）在执行外挡防御时，要注意利用腰腹力量，通过身体的转动来增强防御的效果。

（5）练习时，要注意动作的准确性和力度，同时保持身体的协调性和平衡。

外挡防御

十五、上挡防御

上挡防御是跆拳道中用于保护头颈部位免受攻击的重要防御技术。这种防御动作特别适用于拦截对手针对我方上体的拳击或腿技攻击。

1. 动作要点

（1）从马步姿势开始，保持身体稳定，双脚分开与肩同宽，双膝微屈。

（2）双手握拳，两前臂平行后交叉，左拳置于右腰侧，右拳置于左肩上，拳心向内。

（3）左拳由下向上旋转至头顶上方，拳心向前，手臂与头部保持一定距离，形成保护屏障。

（4）在左拳向上旋转的同时，右臂向后顶肘，拳心向上，保持身体的平衡，并进入准备反击的姿态。

（5）双手同时发力，力量均衡分配，确保防御动作的稳固性。

（6）目视前方，提高对对手动作的警觉，并保持注意力集中。

2. 教学提示

（1）在练习上挡防御时，两臂交叉的动作要自然、流畅，避免僵硬。

（2）身体保持放松，不要过度紧张，以保持灵活性和反应速度。

（3）力达手腕，确保防御动作的准确性和力度，同时降低自身受伤的风险。

（4）练习时，要注意动作的准确性和力度，同时保持身体的协调性和平衡。

（5）上挡防御不仅可以用于防御，也可以作为反击的起点，因此在练习中要注意与反击动作的衔接。

上挡防御

十六、下挡防御

下挡防御是跆拳道中用于防御对手针对我方下半身，尤其是髋关节以下部位进行的攻击的技巧。在跆拳道实战中，当对方向着自己的髋关节以下部位进行攻击时，下挡防御能起到很好的防守作用。

1. 动作要点

（1）从马步姿势开始，保持身体稳定，双脚分开与肩同宽，双膝微屈。

（2）双手握拳，左拳置于右腰侧，拳心向内，作为支撑手。

（3）右拳置于左肩上，拳心也向内，准备进行下挡防御动作。

（4）右拳顺着左臂向下旋转，直至手臂伸直，拳心向下，与大腿保持一定距离（大约两拳）。

（5）在右拳向下旋转的同时，左臂向后顶肘，拳心向上，保持身体的平衡并进入准备反击的姿态。

（6）双手同时发力，力量均衡分配，确保防御动作的稳固性。

2. 教学提示

（1）在执行右掌向下旋转的动作时，要顺着左臂的指引，保持动作的流畅性。

（2）手臂伸直时，发力要干脆利落，确保防御动作的迅速和有效。

（3）练习时，要注意身体的协调性和平衡，保持稳定的姿势。

（4）下挡防御动作要与身体的其他部位协同动作，形成统一的防御体系。

（5）力达手腕，确保防御动作的准确性和力度，同时降低自身受伤的风险。

下挡防御

十七、手刀防御

手刀防御在跆拳道中是一种利用手掌外侧边缘作为防御工具的技术，可以用来拦截或偏转对手的攻击。

1. 动作要点

（1）从马步姿势开始，保持身体稳定和平衡。

（2）左手形成手刀姿势，四指并拢伸直，拇指内屈紧贴虎口位置，掌心向内，置于右腰侧。

（3）右手握拳，拳心向内，位于左肩上，准备进行防御或反击。

（4）左手刀由下向外、再向上旋转格挡，动作要连贯有力，手指最终与鼻尖保持在同一水平高度。

（5）在左手旋转的同时，右臂向后顶肘，拳心向上，保持身体结构的稳固。

（6）双手同时发力，力量均衡分配，确保防御动作的协调性。

2. 教学提示

（1）练习时，目视手刀的方向，确保对攻击路径有清晰的视野。

（2）在进行手刀防御时，要利用腰和肩膀的力量来增强格挡的力度，提高格挡的效果。

（3）动作要准确、迅速，以确保能够有效地拦截或偏转对手的攻击。

（4）保持身体的协调性和平衡，确保在防御后能迅速转换到反击或其他防御动作。

（5）手刀防御不仅可以用于防御，也可以作为反击的起点，因此在练习中要注意与反击动作的衔接。

手刀防御

第二节　跆拳道的基本步法

跆拳道的基本步法是跆拳道运动项目中至关重要的组成部分，它为练习者提供了在进攻和防守时所需的灵活性和机动性。跆拳道强调腿部动作的运用，因此跆拳道步法训练对于实现有效攻击和防守反击至关重要。跆拳道的基本步法包括但不限于前进步、后退步、跳步、侧移步和环绕步等，每一种步法都有其特定的应用场景和战术意义。正确的步法不仅能够增强攻击的力量和速度，还能提高防守者的防守稳定性和反应能力。在跆拳道的初级阶段，练习者需要投入大量时间来专门练习和掌握这些基本步法，为后续的高级技术打下坚实的基础。

一、实战姿势

跆拳道的实战姿势，也被称作格斗式，是进行跆拳道实战前的基本准备姿势，也是许多技法动作的起始点。这种姿势的关键在于为练习者提供一个稳定且灵活的站立平台，使其能够迅速做出进攻或防守动作。

1. 动作要点

（1）从准备姿势开始，左脚向前迈出，右脚向后退一步，形成前后站立的姿势。

（2）同时，身体向右转动90°，使得身体侧对前方，这有助于扩大防守时的防护面积，增强进攻时的爆发力。

（3）双手保持握拳状态，举至胸前，通常前手拳保护面部，后手拳靠近身体，准备随时发力。

（4）目视前方，保持对对手动作的高度警觉和注意力集中。

2. 教学提示

（1）在进行右腿后退和身体转动时，要注意保持双腿的稳定，避免膝盖过度弯曲。

（2）实战中可根据需要，左右腿交换位置，以适应不同的战斗策略。

（3）练习时应该保持身体放松，避免肌肉紧张，以保持动作的灵活性和肌体的反应速度。

（4）正确的实战姿势有助于提高攻击的准确性和力量，同时为防御提供了良好的基础。

实战姿势

二、开立步

开立步，作为跆拳道的基本步法之一，是练习者学习其他更复杂步法的基础。这种步法的特点是简单自然，易于掌握，为进一步的移动和平衡提供了稳定的起点。

1. 动作要点

（1）从立正姿势开始，身体保持直立，两脚并拢。

（2）左脚向左跨出一步，步幅适中，大约为一脚的距离，以确保舒适和稳定。

（3）两脚平行站立，重心平均分布在两腿之间，保持身体平衡。

（4）两手握拳，双臂自然下垂，放于身体两侧，准备随时做出反应。

2. 教学提示

（1）保持目视前方，这有助于维持清晰的方向感和对周围环境的警觉。

（2）腰背挺直，保持良好的身体姿态，这有助于提升动作的灵活性和保证力量的发挥。

（3）收腹挺胸，这不仅有助于保持良好的呼吸，也有助于维持稳定的躯干姿势。

开立步

三、马步

马步是跆拳道中一项至关重要的基础步法，因其稳定性和在各种技法中广泛应用而备受重视。这种步法的名称源自该动作与人骑马时相似的站立姿势，也被称作“骑马站”。

1. 动作要点

（1）从准备姿势开始，身体直立。

（2）左脚向左侧跨出一步，步幅大约为一脚的距离，以确保姿势的稳定性。

（3）双腿弯曲，降低身体重心，大腿与小腿成90° 至120° 角，形成稳固的支撑基础。

（4）两脚平行站立，脚趾保持朝向正前方，以维持身体的正确对齐。

（5）腰背挺直，收腹挺胸，保持良好的身体姿态和呼吸节奏。

（6）双眼平视前方，保持警觉，随时准备做出反应。

（7）双手握拳，放于腰间，拳心向上，准备随时出击或进行防御。

2. 教学提示

（1）注意两腿弯曲的幅度，确保膝盖不超过脚趾，以避免过度伸展和受伤。

（2）如果眼睛往下看，膝盖应该能够挡住脚趾。

（3）马步的稳定性对于执行跆拳道中的其他技术至关重要，因此需要通过反复练习来加强腿部力量和平衡能力。

（4）保持身体核心紧绷，这有助于提高肌体的整体稳定性和发力时的身体协调性。

马步

四、虎足步

虎足步，也被称为虚步或猫足立，是跆拳道中一种具有进攻性和灵活性的步法，其特点是模仿虎或猫捕猎时的隐蔽性和突发性，因此而得名。

1. 动作要点

（1）从准备姿势开始，身体直立。

（2）根据执行左虎步或右虎步的需求，以右脚为例，右脚脚跟离地，仅用脚掌贴地向前跨出约半脚距离。

（3）两腿同时弯曲，保持低姿势，两脚脚趾朝前，以维持稳定和准备状态。

（4）重心分配极为重要，左腿承担大部分力量（约90%），而右腿承担较少力量（约10%），这样的分配有助于肌体快速启动和移动。

（5）双拳保持在腰间位置，拳心向上，随时准备进行攻击或防御。

（6）双眼平视前方，保持警觉，准备随时应对对手的行动。

2. 教学提示

（1）练习虎足步时，身体要保持正直，不要前倾或后仰，以维持平衡。

（2）注意两腿的弯曲程度，避免过度弯曲或直立，以保持灵活性和稳定性。

（3）重心落在后脚上，这有助于快速转换到其他步法或进行强力的攻击动作。

（4）虎足步的低姿势有助于隐蔽动作，可为突然的攻击提供优势。

虎足步

五、换步

换步是跆拳道中用于迅速改变身体方向的步法，该步法在实战中对于调整进攻或防守角度至关重要。

1. 动作要点

（1）从实战姿势开始，身体处于戒备状态，双腿前后分开，双手握拳准备就绪。

（2）两脚脚跟离地，利用脚掌的蹬力作为旋转的支点。

（3）身体迅速向初始方向的反方向旋转180°，旋转时双腿紧贴，保持动作的紧凑和身体的平衡。

（4）在旋转过程中，两脚进行直线旋转，并在空中互换位置，以实现快速的方向转换。

（5）完成旋转后，双脚落地，形成与初始方向相反的实战姿势，准备进行下一步动作。

2. 教学提示

（1）换步时，动作幅度要控制得当，避免因过度旋转而影响稳定性和反应速度。

（2）重心应均匀分布在两脚上，以保持平衡，避免在旋转中失去对身体的控制。

（3）双手握拳随身体方向变换而自然移动，保持防守姿态，准备随时应对对手的攻击。

（4）练习换步时，要注意脚步的灵活性和身体的协调性，以确保动作的流畅和迅速。

换步

六、弹跳步

弹跳步是利用双腿上下不停地弹跳，给对手制造错觉，干扰对手的攻防思路，以便选择适合自己进攻的方位，争取反击的空间和时间，从而达到进攻或者防御的目的。在进行弹跳步时，要注意保持身体的平衡，使身体重心落在双腿中间，同时注意力量分配均衡。

1. 动作要点

（1）从实战姿势开始，身体保持警惕，双手握拳，准备随时做出反应。

（2）双腿弯曲，膝盖保持弹性，两脚脚跟抬起，仅用脚尖着地。

（3）利用脚尖和膝关节的弹性，使身体进行上下循环的跳动，动作要轻快而有节奏。

（4）在弹跳过程中，保持身体的平衡，确保身体重心始终落在双腿中间，双腿平均分担力量。

（5）双手握拳随着弹跳自然摆动，保持防守姿势，随时准备进攻或进行防御。

2. 教学提示

（1）练习弹跳步时，要注意保持身体平衡，避免因跳动而失去稳定性。

（2）弹跳动作要自然而有控制，避免过度用力，以免造成不必要的疲劳。

（3）眼睛始终注视对手，即使在弹跳过程中也要保持对对手动作的高度警觉。

（4）利用弹跳步来不断调整与对手的距离，寻找进攻的时机或进行适当的防守调整。

（5）弹跳步不仅可以用于进攻，也可以在防守时用来快速移动，躲避对手的攻击。

弹跳步

七、十字步

十字步，也叫“X步”“交叉步”，用于在实战中快速改变身体方向或进行角度攻击，包括前十字步和后十字步，左脚在前的被称为前十字步，左脚在后的被称为后十字步。

（一）前十字步

1. 动作要点

（1）从准备姿势开始，身体保持直立。

（2）左脚向右脚前方跨出，形成交叉的姿势，左脚脚跟离地，脚尖着地。

（3）双腿同时弯曲，降低身体重心，保持稳定的姿势。

（4）重心主要放在右脚上，大约90%的力量集中在右脚，而左脚承担较小的力量。

（5）双拳保持在腰间位置，拳心向上，随时准备进行攻击或防御。

（6）双眼平视前方，保持警觉，随时准备应对对手的行动。

2. 教学提示

（1）练习前十字步时，要注意保持腰背挺直，这有助于保持良好的身体姿态。

（2）收腹挺胸，这有助于维持稳定的躯干姿势，同时保持良好的呼吸节奏。

（3）在执行交叉步时，注意控制脚步的幅度和速度，确保动作的准确性和迅速性。

（4）重心的分配至关重要，确保右脚能够提供足够的支撑，以便于快速移动或改变方向。

（5）练习时，可以逐渐增加动作的难度，如在移动中进行前十字步，以提高实战中的适应能力。

前十字步

（二）后十字步

1. 动作要点

（1）从准备姿势开始，身体保持直立。

（2）左脚向右脚后方跨出，经过右脚外侧，形成交叉步。

（3）双腿弯曲，降低身体重心，保持稳定的站姿。

（4）左脚脚跟抬起，仅用脚尖着地，以增加移动的灵活性。

（5）重心主要放在右脚上，大约90%的力量集中在右脚，左脚承担较小的力量。

（6）双拳保持在腰间位置，拳心向上，随时准备进行攻击或防御。

（7）双眼平视前方，保持警觉，准备随时应对对手的行动。

2. 教学提示

（1）练习后十字步时，要注意保持腰背挺直，这有助于保持良好的身体姿态。

（2）收腹挺胸，以维持稳定的躯干姿势，同时保持良好的呼吸节奏。

（3）在执行后十字步时，注意控制脚步的幅度和速度，确保动作准确、迅速。

（4）重心的分配要正确，确保右脚能够提供足够的支撑，以便于快速移动或改变方向。

（5）练习时，可以通过模拟实战情况来增加动作的难度，提高在实际对抗中的适应能力。

后十字步

八、上步

上步是跆拳道中用于调整与对手距离或进行战术移动的步法。

1. 动作要点

（1）从实战姿势开始，身体侧对前方，双手握拳，准备就绪。

（2）右脚脚跟离地，以左脚为轴心，右脚脚掌贴地向前直线跨出一步，拉近与对手间的距离。

（3）随着右脚的跨步，身体向初始朝向的反方向旋转180°，转变为正面面对对手，为进攻或进一步的移动做好准备。

（4）双手握拳自然摆放于胸前，保持防守状态，随时准备进行攻击或防御。

（5）注视目标，保持对对手动作的高度警觉和注意力集中。

2. 教学提示

（1）练习上步时，眼睛始终注视目标，确保对对手的行动保持清晰的观察。

（2）动作幅度要适中，避免过度伸展，影响身体的稳定性和反应速度。

（3）上步要迅速而稳定，确保能够在对手进攻时快速调整位置。

（4）上步不仅是移动的手段，也是战术的一部分，可以用来引诱对手或逼迫对手后撤。

（5）练习时要注意脚步的灵活性和身体的协调性，以确保动作的流畅性和迅速性。

上步

九、弓步

弓步，也称为前屈步，在跆拳道中是一种常见的攻击步法，是进行强力的踢击或拳击前的常见准备动作。

1. 动作要点

（1）从准备姿势开始，身体保持直立。

（2）左脚贴地向前跨出一步，步幅约为一脚半的距离，确保右脚有足够的空间进行支撑。

（3）左腿膝盖弯曲成约90° 角，形成弓步的姿势，同时右脚保持脚尖向前斜45° ，腿尽量绷直。

（4）重心下沉，位于两腿中间，以保持平衡和稳定。

（5）双拳自然放置于腰间，拳心向上，准备随时进行攻击或防御。

2. 教学提示

（1）练习时要保持收腹挺胸，这有助于维持稳定的躯干姿势和良好的呼吸节奏。

（2）目视前方，保持对对手的警觉，随时准备做出反应。

（3）后腿要尽量绷直，但不要过度伸展，以免失去灵活性。

（4）弓步的前腿膝盖不要超过脚尖，以避免膝盖承受过多压力。

（5）练习弓步时要注意脚步的稳定性和身体的协调性，以确保动作准确、迅速。

弓步

十、三七步

三七步，也称为四六步，在跆拳道中是一种特殊的步法，特别是在品势中常见。

1. 动作要点

（1）从准备姿势开始，身体直立。

（2）左脚脚跟离地，脚掌贴地向前跨出一步，步幅约为一脚的距离。

（3）双腿弯曲，左脚脚趾朝前，右脚则横向放置，形成三七步或四六步的姿势。

（4）重心主要落在右脚上，而左脚承担较小的力量。

（5）双手自然放置于腰间，保持腰背挺直，收腹挺胸，维持良好的身体姿态。

（6）目视前方，保持对周围环境的警觉。

2. 教学提示

（1）保持三七步姿势时，身体应微微侧向前方约45°，这既有助于保持身体平衡，也有助于力量的发挥。

（2）两腿弯曲的幅度要适宜，确保眼睛往下看时，双腿膝盖能够挡住脚趾，同时要避免膝盖过度弯曲。

（3）练习时要注意身体的稳定性和协调性，确保在变换动作时能够迅速而平稳。

（4）此步法在品势中有助于展示动作的流畅性和节奏感，同时适用于实战中的某些技巧。

三七步

十一、单脚站立步

单脚站立步，也称为“金鸡独立”，在跆拳道中是一种重要的平衡训练步法，尤其对青少年的平衡能力提升有显著效果。

1. 动作要点

（1）从准备姿势开始，身体直立。

（2）右脚离地，将重心转移到左脚上，左腿稍微弯曲以支撑身体重量。

（3）右脚脚掌贴于左腿内侧，接近膝关节处，形成单脚站立的姿势。

（4）双手握拳，左拳抬高至头顶，拳心朝外，右拳自然下摆，拳心朝内。

（5）保持身体稳定，收腹挺胸，维持良好的身体姿态。

（6）目视前方，保持注意力集中，以维持平衡。

2. 教学提示

（1）练习单脚站立步时，要注意身体的直立和平衡，避免左右摇晃。

（2）收腹挺胸，这有助于维持稳定的躯干姿势并保持呼吸的顺畅。

（3）目视前方，保持警觉，这有助于提高平衡感和协调性。

（4）练习时，可以逐渐增加单脚站立的时间，以提高平衡能力。

（5）此步法不仅能锻炼平衡感，也能加强下肢的力量和稳定性，对身体整体协调性提高有积极作用。

单脚站立步

第三节　跆拳道的基本腿法

跆拳道的基本腿法是跆拳道的核心技术，包括前踢、横踢、侧踢、后踢、旋风踢、下劈腿、推踢、后旋踢、跳踢以及双飞踢等。这些腿法各有其技术特点，如前踢的直线攻击、横踢的横扫效果、侧踢的侧身发力、后踢的快速反击，以及旋风踢的旋转跳跃动作等。练习者通过不断练习，能够控制每种腿法的力量、速度和准确性，从而能够在实战中灵活运用这些技术进行攻防。随着技术水平的提高，练习者还能将这些基础腿法融入更复杂的组合中，以增加攻击的多样性和有效性。

一、上下直踢

上下直踢是跆拳道最基础的腿法，能锻炼腿的灵活性与柔韧性。在直踢的基础上，可以演变出正踢、前踢和下劈等腿法。直踢不仅有助于增强腿部力量，也是练习者学习和进阶到更复杂腿法如前踢、侧踢等的基础。通过反复练习上下直踢，练习者能够提高攻击的准确性和协调性，为掌握更高难度的腿法打下坚实基础。

1. 动作要点

（1）从实战姿势起步，身体保持直立，做好起始准备。

（2）选择一腿作为支撑（如左腿），另一腿脚跟离地，利用脚掌的蹬力，腿伸直向上直线踢出，脚尖内扣，保持腿部呈直线。

（3）在踢击过程中，支撑腿微屈，以获得稳固的支撑并减缓反作用力的冲击。

（4）上踢的腿应尽量向上延伸，以使踢击高度最大化。

（5）双手握拳，置于身体两侧或胸前，拳心朝内，准备随时进行防御或进攻。

（6）保持身体稳定，收腹挺胸，维持良好的身体姿态，避免在踢击时身体前倾或摇晃。

（7）目视前方，保持注意力集中，这有助于保持身体平衡和控制踢击方向。

2. 教学提示

（1）在练习时，支撑脚要站稳，确保整个身体的平衡和稳定。

（2）脚尖要踢到头顶上方，注意腿部肌肉的伸展，使用脚掌的蹬地力量来发力。

（3）保持呼吸均匀，避免在高踢时屏气，以维持稳定的能量供给。

（4）练习中要注意动作的准确性和控制，逐渐增加踢击的高度和速度。

（5）保持目视前方，提高平衡感和协调性，同时增强动作的准确性。

上下直踢

二、前踢

前踢是跆拳道中的一项基础且多功能的腿法，它不仅能锻炼膝关节的快速屈伸能力，还能强化膝关节周围的肌肉，是练习者学习其他高级腿法如横踢的重要基础。

1. 动作要点

（1）从实战姿势开始，身体侧对目标，以左脚为支撑，右脚准备踢出。

（2）右脚脚跟离地，脚掌蹬地，迅速提膝至腰高，脚背绷直，小腿向上直线弹踢，如同弹簧般伸展。

（3）在踢击过程中，保持身体平衡，双手握拳，自然摆放于身体一侧，如右边腰带位置。

（4）注视目标，保持专注，以确保踢击的准确性。

2. 教学提示

（1）在品势练习中，前踢时脚背要绷直，踢出后脚趾向上勾起，用脚掌准确击打目标。

（2）在竞技和表演中，动作的重点在于保持脚背绷直，确保踢击的流畅性和速度。

（3）表演击破木板时，使用脚背作为击打点，以更好地发挥踢击的效力。

（4）练习时要注意支撑脚的稳固性，避免身体摇晃，确保踢击的稳定性和力量。

（5）保持呼吸的均匀，避免在发力时屏气，以保证动作的流畅性。

前踢

三、前蹬

前蹬，俗称“踹腿”，在跆拳道中是一种重要的腿法，它能够有效锻炼腿部的屈伸速度和脚掌的力量。

1. 动作要点

（1）从实战姿势开始，身体侧对目标，以左脚为支撑，右脚准备蹬出。

（2）右脚脚跟离地，脚掌蹬地，迅速提膝至适当高度，小腿与大腿绷紧，呈紧凑姿势。

（3）右脚脚趾向上勾起，利用脚跟或脚掌的力量，向前直线蹬出，并保证蹬腿的力量。

（4）双手握拳，自然放置于身体一侧，如右边腰带位置，保持身体平衡。

（5）注视目标，确保蹬腿的准确性。

2. 教学提示

（1）提膝动作要迅速，以增加蹬腿的突然性和力量。

（2）在腿蹬出时，身体的重心要适当向前移动，以增强蹬腿的力度和效果。

（3）练习时要注意蹬腿呈直线，避免腿部歪斜，确保力量的直接传递。

（4）保持呼吸的均匀，避免在发力时屏气，以保证动作的流畅性。

（5）蹬腿后迅速恢复到实战姿势，准备下一次攻击或防守。

前蹬

四、横踢

横踢是跆拳道比赛中参赛者使用最多、得分最高的一种腿法。横踢与前踢相似，两者的区别在于踢的时候膝盖的方向不同，前踢时的膝盖方向是朝前上方，而横踢时的膝盖方向是在击打的一瞬间因使用者转胯而朝向对手的腹部。

1. 动作要点

（1）从实战姿势开始，身体侧对目标，以左脚为支撑，右脚准备踢出。

（2）右脚脚跟离地，脚掌蹬地，迅速提膝至身体侧边，小腿与大腿紧密贴合。

（3）脚背绷直，向初始朝向的反方向转体，利用转体的力量将小腿快速弹出，用脚背击打目标。

（4）双手握拳，自然放置于身体两侧，保持身体平衡，准备随时进行防御或进一步攻击。

（5）横踢完成后，迅速恢复到实战姿势，保持对对手的警惕。

2. 教学提示

（1）在品势练习中，横踢时脚背要绷直，脚趾向上勾起，用脚背准确击打目标。

（2）转体要迅速而有力，以增加横踢的速度和力量。

（3）练习时要注意身体的协调性，确保转体和踢腿动作同步。

（4）保持呼吸的均匀，避免在发力时屏气，以保证动作的流畅性。

（5）横踢后要迅速恢复到实战姿势，准备进行连续攻击或防守。

1

2 正面

2 侧面

3 正面

3 侧面

横踢

五、下劈

下劈是跆拳道中一种标志性的从上至下的攻击性腿法，该腿法以其高度的技巧和对韧带的严格要求而闻名。

1. 动作要点

（1）从实战姿势开始，身体侧对目标，以左脚为支撑，右脚准备踢出。

（2）右脚脚跟离地，脚掌蹬地，迅速提膝至胸前，小腿与大腿紧密贴合。

（3）脚背绷直，向上直踢，同时脚趾向上勾起，以增加攻击的力度。

（4）利用身体下落的重力和腿部的弹性，向下劈击，目标通常为对手的头部或肩部。

（5）双手握拳，自然放置于身体两侧，保持身体平衡，准备随时进行防御或进一步攻击。

下劈完成后，迅速恢复到实战姿势，保持对对手的警惕。

2. 教学提示

（1）在练习下劈时，要注意脚的高度，确保腿部韧带充分拉伸，以实现攻击范围最大化。

（2）转体动作要迅速而有力，以增加下劈的速度和力量。

（3）练习时要注意身体的协调性，确保提膝、转体和劈击动作的同步性。

（4）保持呼吸的均匀，避免在发力时屏气，以保证动作的流畅性。

（5）下劈后要迅速恢复到实战姿势，准备进行连续攻击或防守。

下劈

六、前横踢

前横踢是一种跆拳道腿法，与横踢不同，它是使用前脚进行横踢的动作，难度较高，速度更快，但威力相对较小。

1. 动作要点

（1）在实战姿势的基础上，以右脚为支撑，左脚脚跟离地，脚掌蹬地。

（2）迅速提膝，小腿与大腿紧密贴合，脚背绷直。

（3）同时转胯，利用转胯的力量将小腿快速弹出，用脚背击打目标。

（4）双手握拳，随着身体的自然摆动，注视目标。

（5）左右腿的前横踢方法相同，且都需要保持动作的一致性和协调性。

2. 教学提示

（1）在练习时，身体重心要稍微向后腿移动，以保持平衡。

（2）前脚踢出时，支撑脚的脚跟应向内旋转，以提高踢击的力量和准确性。

（3）注意转胯的时机和力度，确保踢击的连贯性和爆发力。

（4）练习中要注意身体的协调性，确保动作流畅、自然。

（5）完成前横踢后，迅速恢复到实战姿势，准备进行下一步进攻或防守。

前横踢

第四节　跆拳道的基本防御

跆拳道的基本防御技巧在跆拳道中是一套综合的自我保护方法，包括格挡、闪避、招架等，它们在跆拳道对抗中至关重要。具体而言，格挡是通过手臂或腿部阻挡对手攻击的动作，有效降低受击力度；闪避是通过快速的身体移动来避开攻击，避免与对手直接接触；招架是在攻击到来前用身体部位引导对方的攻击偏离目标；反击是在防御的同时寻找机会进行快速有效的攻击；撤步是增加与对手的距离，避免被击中的策略；护身是通过保持特定身体姿势，如双手护头，来减少被击中的可能性；假动作用来迷惑对手，诱使对方做出错误的反应，从而为己方创造进攻机会；转身则是利用身体的快速旋转来避开攻击，并利用旋转的力量进行反击。练习者需要通过持续练习这些技巧来提高应用动作时的反应速度和准确性，以在实际对抗中结合战术策略，来有效保护自己并寻找反击机会。

一、高架防御

高架防御是一种在跆拳道中用于防御对手高位攻击的技巧，它与其他防御动作的不同之处在于，它在防御的同时融入了攻击性动作。

1. 动作要点

（1）从实战姿势开始，向前跨出一步形成弓步姿势。

（2）左掌置于身体右侧腰带位置，右掌则向右后方伸直。

（3）左掌由下向上旋转砍击，达到与头顶同高的位置，掌心向外，手臂保持弯曲，与额头保持一拳的距离。

（4）右掌由后向前向内旋转横砍，达到与颈部同高的位置，手掌绷直，掌心向上，手臂微弯曲。

（5）两掌同时发力，力量均衡分配，注视目标。

（6）左右手的防御动作相同，需要保持动作的一致性和协调性。

2. 教学提示

（1）在左掌向上旋转砍击后，确保手掌放置在额头上方，并与额头保持恰当的距离，以形成有效的防御。

（2）练习时要注意两掌的协调性，确保动作的同步性和力量的均衡分配。

（3）保持身体的稳定和平衡，以便在防御后迅速转换到攻击或进一步的防御状态。

（4）动作的准确性和力量同样重要，确保每一次练习都能达到预期的效果。

高架防御

二、双手外格挡

双手外格挡是一种跆拳道防御技巧，它通过同时使用双手肘将对手的攻击有效格挡开来，是一种非常有力和有效的防御方法。

1. 动作要点

（1）从准备式开始，左脚向前跨出一步，形成左弓步，双手握拳置于胸前。

（2）进行格挡动作时，双臂向外展开，保持与肩膀同宽，双拳与肩膀保持在同一高度。

（3）动作要迅速而有力，确保能够有效地阻挡对手的进攻。

2. 教学提示

（1）在进行双手外格挡时，要注意身体的稳定性和平衡，确保动作的流畅性。

（2）双拳的位置要准确，以实现最佳的防御效果。

（3）练习时要注意力量的分配，双手同时发力，形成坚固的防御屏障。

（4）完成格挡后，要迅速恢复到准备式，准备进行下一步的攻击或继续防御。

双手外格挡

三、双手交叉格挡

双手交叉格挡是一种跆拳道防御技巧，通过交叉手臂来保护身体正面，该技巧主要在对手进攻速度较快时使用。

1. 动作要点

（1）从准备势开始，左脚向前跨出一步，形成左弓步。

（2）双手握拳，起始位置在身体右侧，然后迅速交叉双臂至身体左侧进行格挡。

（3）交叉格挡时，手臂要迅速而有力，以确保能够有效阻挡对手的快速攻击。

（4）左右手交叉格挡的方法相同，都需要保持动作的一致性和协调性。

2. 教学提示

（1）在双手握拳在身体右侧交叉时，应根据“哪只脚在前，哪只手臂就在上方”的原则进行格挡。

（2）练习时要注意手臂交叉的速度和力量，以适应对手快速的进攻节奏。

（3）保持身体的稳定和平衡，确保在格挡后能够迅速恢复到准备式或转换到其他防御或攻击动作。

（4）动作的准确性和时机非常关键，练习者需要通过反复练习来提高反应速度和格挡效果。

双手交叉格挡

四、铰链形格挡

铰链形格挡是一种跆拳道防御技巧，因其动作类似手上戴着铰链而得名，适用于中段和下段防守。

1. 动作要点

（1）从准备式开始，左脚向前跨出一步，形成左弓步。

（2）双手握拳，交叉放置，左臂在外，右臂在内。

（3）左臂由下向上格挡，右臂由上向下格挡，形成铰链般的交叉运动。

（4）紧接着，左手臂在内，右手臂在外，双臂反方向进行格挡，动作连贯流畅。

（5）整个动作过程中，注视目标，保持对对手动作的观察。

2. 教学提示

（1）在练习铰链形格挡时，左右手要正确互换位置进行格挡，以形成有效的铰链运动。

（2）动作要迅速而有力，确保在防守时能够有效地阻挡对手的攻击。

（3）保持身体的稳定和平衡，以便在完成格挡后迅速转换到其他动作。

（4）通过反复练习，提高手臂交叉的速度和准确性，以适应不同速度和方向的攻击。

铰链形格挡

第三章

第一节　跆拳道的组合手法

跆拳道的组合手法是一种具有高度战术性的技巧，它将基本的攻击、防御和反击动作以创造性和适应性的方式组合起来，形成连贯而有效的动作序列。这种手法不仅增加了动作的多样性和不可预测性，还提高了实战中技巧使用的灵活性和效率。练习者可以根据对手的行为和自身的战术需求，灵活地调整和编排动作组合，以取得最大的战术优势。通过不断的训练和实战经验的积累，练习者能够精通这些组合手法，从而在对抗中更加自如地进行攻防转换，实现战术上的制胜。

一、单手刀+双手刀+二指禅

单手刀+双手刀+二指禅是跆拳道中一系列连贯的攻击型组合手法，该组合手法通过手掌和手指的快速连续动作对对手进行攻击。这种组合不仅考验练习者的协调性和速度，也体现了跆拳道技巧的多样性和实战性。

1. 动作要点

（1）从实战姿势开始，前脚向后收半步形成三七步，双手手臂交叉，右手握拳置于左肩上，左手刀放置于右腰侧，掌心向内，注视目标。

（2）左手刀由后向前旋转横砍，同时右手握拳向后顶肘，拳心向上，位于腰间，双手同时发力。

（3）左脚支撑，右脚向前上步形成三七步，左手向后伸直，右手刀由后向前旋转横砍，掌心向前倾斜45°；左手刀由后向前平刺，掌心向上，双手同时发力。

（4）右脚支撑，左脚脚掌贴地向前上步形成弓步，左手食指和中指由后向前上方旋转平刺；右手握拳向后顶肘，拳心向上，位于腰间，双手同时发力，力量均衡分配。

2. 教学提示

（1）单手刀主要用来击打对手的人中部位，动作需要准确而迅速。

（2）双手刀分别攻击对手的人中部位和肋部，要注意力量的分配和动作的连贯性。

（3）二指禅用于插击对手的眼睛，是一种高风险高回报的攻击手法，需要谨慎使用，并确保在安全的环境中练习。

单手刀+双手刀+二指禅

二、前直拳+内勾拳+上勾拳

前直拳+内勾拳+上勾拳是一组高效的攻击型组合手法，该组合手法特别适用于当对手贴近时的近战拳击。这组拳法利用不同角度和力度的拳击，连续攻击对手，要求练习者具有快速的反应能力和准确的目标定位。

1. 动作要点

（1）从实战姿势开始，左拳向前直线击打目标，使用拳面发力。

（2）收回左拳至肩膀位置，同时右拳由后向前内旋转，以拳心向外的方式勾击对手太阳穴位置。

（3）右拳向前伸直，左拳置于腰间，左脚支撑，右脚脚掌贴地向前上步形成弓步。

（4）左拳由下向上旋转，以勾拳的形式攻击目标下颌，同时右拳向后顶肘，拳心向上，位于腰间，双手同时发力，各占50%的力量。

2. 教学提示

（1）直拳攻击时要确保拳面平整，力量直接传递至目标。

（2）内勾拳和上勾拳使用食指和中指根部作为击打点，增加攻击的穿透力。

（3）在整个攻击过程中，保持双眼始终注视目标，以提高攻击的准确性和反应速度。

（4）动作转换要流畅，确保每一拳都能迅速而准确地击中目标。

（5）练习时要注意力量的控制和分配，以实现连续攻击的效果最大化。

前直拳+内勾拳+上勾拳

第二节 跆拳道的组合步法

跆拳道的组合步法是跆拳道中至关重要的技术组成部分，它不仅关系到运动员的移动速度和灵活性，还直接影响到运动员攻防动作的执行效率。组合步法通过将前进步、后退步、侧移步、跳跃步等基本步法以不同的顺序和方式进行组合，从而形成多变的移动模式。这种步法的组合能够使运动员在实战中快速调整位置，有效接近或远离对手，同时为己方各种拳法和腿法的发动创造有利的条件。

运动员可以根据实际对抗中的需要，编排个性化的步法组合，以适应不同的战术和策略。例如：通过快速的前进步和后退步的组合，可以迅速接近对手进行攻击或及时撤退以化解对方的攻势；通过灵活的侧移步和跳跃步，可以增加自身的不可预测性，使对手难以捉摸自己的动向。

组合步法的练习需要注重步伐的稳定性、节奏感和协调性，以确保在高速移动中仍能保持身体的平衡和准备状态。此外，步法的练习还应与拳法、腿法等其他技术的练习相结合，以形成完整的攻防体系。通过不断的练习和实战检验，跆拳道运动员可以精通各种步法组合，提高自己在对抗中的机动性和战术灵活性。

一、上步+后跃步

上步+后跃步是跆拳道中一种实用的步法组合，主要用于在实战进攻中试探对手或在防守时为反击做准备。这组步法要求动作连贯、迅速，并始终保持对目标的观察。

1. 动作要点

（1）从实战姿势开始，双眼注视目标。

（2）以左脚为轴，右脚脚掌贴地向前直线上步，同时身体向左后方转动180°，完成上步动作，并迅速转换到朝向与初始朝向相反的实战姿势。

（3）紧接着，左脚脚掌着地，向后退步，同时右脚脚掌擦地，身体重心向后移动，保持两脚间的距离，迅速恢复到实战姿势。

2. 教学提示

（1）上步和后跃步的动作要流畅且迅速，以保持身体的灵活性和反应速度。

（2）在整个步法转换过程中，始终注视目标，确保持续观察对手的动作和反应。

（3）动作中要注意身体的协调性和平衡，特别是在快速转动和后退时，避免失去稳定性。

（4）要注重步法的节奏感，确保每次移动都能准确到达预期的位置。

（5）这种步法组合在实战中可以用于迷惑对手，创造进攻机会或迅速撤退到安全位置。

上步+后跃步

二、退步+前进步

退步+前进步是跆拳道中用于防守和反击的步法组合。这组步法首先通过退步来避开对手的攻势，同时观察并寻找对手的弱点，然后利用前进步迅速接近对手并发起攻击。

1. 动作要点

（1）从实战姿势开始，以右脚为轴，左脚脚掌贴地向后直线退步，同时身体向左后方转动180°，转换到朝向与初始朝向相反的实战姿势。

（2）在完成退步并调整好身体姿势后，两脚脚掌同时蹬地，向前移动，保持两脚间的距离不变。

（3）身体重心随之前移，迅速恢复或进入实战姿势，同时注视目标，准备发起攻击。

2. 教学提示

（1）退步时要迅速而稳定，确保能够及时脱离对手的攻击范围。

（2）在转动身体时要保持平衡，避免因转动过快而失去稳定性或防守姿势。

（3）前进步时，两脚要协调一致，同时向前移动，保持步法的连贯性和节奏感。

（4）动作中要注重身体的协调性和力量的分配，确保前进步时能够迅速而有力地接近对手。

（5）始终保持对目标的观察，以便在前进步后立即进行有效的攻击。

①②③④⑤

退步+前进步

三、上步+换步+滑步

上步+换步+滑步是跆拳道中一组具有迷惑性的攻击步法组合，它能有效干扰对手的判断，为接下来的腿法攻击创造条件。

1. 动作要点

（1）从实战姿势开始，以左脚为轴，右脚脚掌贴地向前直线上步，同时身体向左后方旋转180°，形成朝向与起始朝向相反的实战姿势。

（2）紧接着进行换步动作，两脚脚掌着地，前后位置交换，同时身体向右后方旋转180°，恢复到初始的实战姿势。

（3）最后执行滑步，右脚脚掌擦地向左脚脚后跟靠拢，同时左脚脚掌蹬地，贴地向前跨出一步，保持两脚间的距离不变，恢复到实战姿势。

2. 教学提示

（1）在换步时，两腿应沿直线前后换位，保持动作的准确性和速度。

（2）滑步之后，要确保两脚之间的距离保持不变，维持稳定的实战姿势。

（3）步法组合过程中，始终注视目标，以保持对对手动作的观察和反应。

（4）动作连贯流畅，避免任何的停顿或迟疑可能给对手带来的可乘之机。

（5）要注意身体的协调和平衡，特别是在快速旋转和移动时，要确保动作的稳定性。

3 4

5 6

7 8

上步+换步+滑步

四、弹跳步+前跃步+左移步

弹跳步+前跃步+左移步是一组在跆拳道实战中具有迷惑性和突然性的步法组合，它能够有效地扰乱对手的节奏并为己方创造进攻机会。

1. 动作要点

（1）从实战姿势开始，双腿弯曲并进行上下循环跳动，即执行弹跳步，为接下来的动作做准备。

（2）紧接着执行前跃步，左脚脚掌蹬地，向前跨步，同时右脚脚掌蹬地，身体迅速前移，恢复到实战姿势。

（3）然后进行左移步，左脚脚掌蹬地向左前方45° 跨步，右脚脚掌蹬地迅速跟进，重心前移，继续保持实战姿势。

2. 教学提示

（1）在运用弹跳步时，要保持身体的平衡，避免因跳动而失去稳定性。

（2）弹跳步时长要适中，过长或过短都可能影响接下来的动作执行或使己方错失进攻时机。

（3）当在实战中使用这组步法时，要注意观察对手的反应，利用声东击西的效果来制造进攻机会。

（4）动作转换要迅速而准确，确保能够在对手反应之前完成步法的变换。

（5）练习时要注意步法的节奏和协调性，使整个动作流畅且具有爆发力。

3

4

5

6

7

8

弹跳步+前跃步+左移步

五、弹跳步+换步+紧追步

弹跳步+换步+紧追步是跆拳道中一组具有强烈进攻性的步法组合，适用于当与对手距离较远时需要迅速接近目标的情况。

1. 动作要点

（1）从实战姿势开始，双腿弯曲并进行上下循环跳动，即执行弹跳步，为接下来的快速移动做准备。

（2）紧接着执行换步动作，双脚脚掌蹬地，在空中直线前后换位，同时身体向左后方旋转180°，双脚落地后形成朝向与初始朝向相反的实战姿势。

（3）然后迅速进入紧追步，双脚同时蹬地向前进步，紧接着用同样的方法再次向前进步，迅速恢复或保持实战姿势。

2. 教学提示

（1）在执行弹跳步的过程中，要注意保持身体的平衡，为快速换步和紧追步做好准备。

（2）换步时，要保持动作的连贯性和速度，同时在空中完成身体的旋转。

（3）运用紧追步时，要注意两脚之间的距离保持不变，确保身体的稳定性和连续进步的能力。

（4）保持重心的稳定至关重要，重心向前移动时后腿稍微弯曲，向后移动时前腿稍微弯曲，以保持平衡。

（5）在整个步法组合中，要注意力量的分配和节奏的控制，确保能够迅速而有效地接近对手。

7

8

9

10

11

弹跳步+换步+紧追步

第三节　跆拳道的组合腿法

跆拳道的组合腿法是跆拳道中的一种战术性技巧，它通过把两种或两种以上的腿法技术组合在一起，形成连贯、流畅的攻击动作，以提高攻击的效率和多样性。这种组合不仅增加了攻击的不可预测性，运动员还能在连续攻击中不断变换攻击角度和力量，使对手难以防御。组合腿法的运用需要运动员具备良好的协调性、平衡感和时机掌握能力。通过不断的练习和实战经验积累，运动员可以熟练掌握各种腿法组合，并在对抗中对其进行灵活运用，以实现战术上的优势和攻击上的效果。

一、高横踢+双飞踢

高横踢+双飞踢是跆拳道中一组具有密集攻击性的腿法组合，它允许运动员连续攻击对手的上段位和中段位，并通过快速变换攻击节奏和高度来增加对手的防守难度。

1. 动作要点

（1）从实战姿势开始，以左脚为轴，右脚迅速提膝，脚背绷直，同时身体向左后方旋转180°，侧身对目标，用右脚背击打目标。

（2）右脚向前落地，身体转为朝向与初始朝向相反的实战姿势。

（3）紧接着，以右脚为轴，左脚迅速提膝，脚背绷直，身体向右后方旋转180°，用左脚背击打目标。

（4）在左脚下落的同时，右脚脚掌蹬地起跳，在空中进行换脚动作，身体向左后方旋转180°。

（5）左脚落地支撑，同时将右腿踢出，完成双飞踢的第二跳，双手握拳随身体自然摆动。

（6）右脚向前落地，恢复到实战姿势。

2. 教学提示

（1）在横踢和双飞踢之间转换时，动作要平稳而快速，确保每次攻击都能准确到位。

（2）双眼始终注视目标，以保持对对手动作的持续观察和反应能力。

（3）动作中要注意身体的协调性和平衡，特别是在快速转动和跳跃时。

（4）双飞踢的起跳和空中换脚要迅速而准确，以确保第二次攻击的有效性。

（5）练习时要注意力量的控制和分配，确保每次腿法都能发挥出最大的攻击力。

5

6

7

8

9

10

11

高横踢+双飞踢

二、前横踢+下劈

前横踢+下劈是跆拳道中一组原地攻击型腿法组合，适用于当对手靠近时需要近战的场景，该腿法组合能够有效地对对手进行连续打击。

1. 动作要点

（1）从实战姿势开始，右脚支撑，左脚脚跟离地，脚掌蹬地，迅速向前提膝，脚背绷直，同时转胯将小腿弹出，完成前横踢动作。

（2）左脚向前落地，恢复到实战姿势。

（3）紧接着，双手握拳位于右边腰带位置，以左脚为轴，右脚脚跟离地，脚掌蹬地，迅速向前提膝，准备进行下劈动作。

（4）右腿向上伸直，脚背绷直，脚掌由上向前下方劈击目标，利用重力和腿部力量进行攻击。

（5）右脚落地后，身体转为朝向与初始朝向相反的实战姿势，准备进行下一步动作或防守。

2. 教练提示

（1）在执行前横踢时，要注意转胯和小腿弹出的协调性，以增加攻击的力量和速度。

（2）在右腿下劈时，左脚脚跟抬起，同时向左侧旋转，以增加下劈的力度和范围。

（3）下劈时目标一般是对手的面部或其他高位部位，但也要随时准备调整攻击目标。

（4）在整个动作过程中，要保持身体的平衡和稳定，特别是在单腿支撑和旋转时。

（5）动作转换要迅速，确保前横踢和下劈之间没有明显的停顿，以保持攻势的连贯性。

（6）练习时要注意动作的标准性和准确性，确保每次攻击都能达到预期的效果。

1

2

3

4

5

6

前横踢+下劈

三、前踢+横踢+下劈

前踢+横踢+下劈是跆拳道中一种专门针对对手上段位的组合腿法，该组合腿法通过连续的高位攻击，能够有效地对对手造成压力和伤害。

1. 动作要点

（1）前踢：从实战姿势开始，左脚支撑，右脚迅速提膝至胸前，脚背绷直，小腿向上弹出，用脚掌击打目标，右脚向前落地，身体转为朝向与初始朝向相反的实战姿势。

（2）横踢：以右脚为轴，左脚脚跟离地，脚掌蹬地，迅速向前提膝，脚背绷直，身体向右后方旋转180°，侧身对目标，将左腿弹出，用脚背击打目标，左脚向前落地，恢复到实战姿势。

（3）下劈：以左脚为轴，右脚脚跟离地，脚掌蹬地，迅速向前提膝，脚背绷直，脚趾上勾，身体向左后方旋转，右腿向上伸直并迅速下劈，用脚掌击打目标，右脚落地，恢复到朝向与初始朝向相反的实战姿势。

2. 教学提示

（1）在三种腿法之间转换时，动作要平稳而快速，确保每次攻击都能准确、到位。

（2）始终保持注视目标，以提高攻击的准确性和肌体的反应速度。

（3）在执行每个腿法时，要注意保持身体的协调性和平衡，特别是在快速转动和起跳时。

（4）在执行下劈动作时，要注意利用身体的旋转力量增加攻击力。

（5）动作的连贯性至关重要，它能确保前踢、横踢和下劈衔接流畅，形成连续的攻势。

（6）练习时要注意动作的标准性和准确性，确保每次攻击都能发挥出最大的效果。

5 6 7 8 9 10 11

前踢+横踢+下劈

四、横踢+下劈+360°转身横踢

横踢+下劈+360°转身横踢（旋风踢）是跆拳道中一组完全进攻型的腿法组合，它要求使用者动作快速、准确，以连续的攻势压制对手，不给其反击的机会。

1. 动作要点

（1）横踢：从实战姿势开始，以右脚为轴，左脚迅速提膝并弹出，用脚背击打目标的胸部、背部或颈部，左脚向前落地，身体转为朝向与初始朝向相反的实战姿势。

（2）下劈：以左脚为轴，右脚迅速提膝，脚背绷直，脚趾上勾，右腿向上伸直，身体向左后方旋转，右脚由上向前下方劈击目标的面部，右脚落地，恢复到实战姿势。

（3）360°转身横踢：以右脚为轴，身体向左后方旋转180°，左脚蹬地迅速向后抬腿，然后右脚蹬地起跳，带动身体继续向左后方旋转180°，在空中换脚，左脚落地时弹踢右腿，用脚背击打目标，右脚落地，恢复到实战姿势。

2. 教练提示

（1）在执行横踢时，注意利用身体的转动增加击打的力量和速度，准确击打目标。

（2）在执行下劈动作时，要利用身体的旋转和腿部的伸展来增加打击力度，目标是对手的面部。

（3）在进行360°转身横踢时，要注意身体的协调性和平衡，确保旋转的流畅且稳定。

（4）在动作过程中，始终保持身体重心的稳定，避免因动作过快而失去平衡。

（5）始终注视目标，以提高攻击的准确性和机体的反应速度。

（6）动作转换要平稳而快速，确保连续，不给对手留下反击的机会。

1
2
3
4
5
6

⑦ ⑧ ⑨ ⑩ ⑪ ⑫ ⑬

横踢+下劈+360° 转身横踢

第四章

实战技巧

第一节　跆拳道实战

跆拳道实战，通常指的是跆拳道比赛中的对抗环节，也被称为“竞技跆拳道”或“竞技实战”。它是跆拳道训练中非常重要的部分，要求运动员在规则允许的范围内，运用各种跆拳道技术进行攻防对抗。

一、跆拳道实战的特点

规则性：跆拳道实战是在一定的规则下进行的，这些规则旨在保证运动员的安全，同时确保比赛的公平性和可观赏性。

技术性：跆拳道实战要求运动员掌握和运用各种跆拳道技术，包括腿法、拳法、步法、防守和反击等。

战术性：运动员需要根据对手的特点和比赛的实际情况，灵活运用不同的战术和策略。

身体性：跆拳道实战对运动员的身体素质有很高的要求，包括力量、速度、耐力、柔韧性和协调性等。

心理性：跆拳道实战不仅是身体上的对抗，也是心理上的较量。运动员需要具备良好的心理素质，包括冷静、自信、果断和应变能力等。

得分制：跆拳道实战通常采用得分制，不同的攻击方式根据其难度和效果有不同的分值。得分高者获胜。

保护装备：为了保护运动员的安全，跆拳道实战中通常要求运动员穿戴一定的保护装备，如头盔、护胸、护腿板等。

裁判员：比赛中由裁判员负责监督比赛的进行，判断得分情况，控制比赛节奏，确保比赛的公平性。

跆拳道实战是检验运动员技术水平、战术运用和心理素质的重要方式，也是跆拳道运动魅力的重要体现。通过跆拳道实战，运动员可以不断提高自己的技术水平和实战能力。

二、跆拳道实战的魅力

跆拳道，这项起源于朝鲜半岛的武术，在发展中融合了中国武术、日本空手道等技艺，形成了以腿法为主、拳法为辅的特色。它以迅猛的腿式、干净利落的动作和动感十足的训练过程，展现出独特的魅力和高效的实战能力。跆拳道的腿法多变，从基础到复杂，能够适应不同的对抗场景，并强调速度与准确性，给予对手迅速而准确的攻击。同时，跆拳道也强调精神修养和武德，倡导在技艺提升的同时，尊重对手、遵守规则，体现了跆拳道人的全面精神追求。这不仅让跆拳道成为一项竞技体育项目，也成为文化交流和个人精神修养的重要途径。

1. 以腿技闻名

跆拳道是一项以腿技闻名的武术，其动作简练直接，追求在最有效距离内以最快的速度对对手进行精确打击，因此被誉为“无武装的自卫术”。在跆拳道的理念中，脚力天生强于手力，具有更广的击打范围和更远的攻击距离，因此腿法成为跆拳道训练的核心，大约占到跆拳道技术内容的70%。特别是在奥运会采用的竞技跆拳道中，腿法更是主要的攻击形式和得分手段，运动员对腿法的使用率高达95%。这种以腿法为主的技术特点，构成了这项武术的独特魅力。

跆拳道的腿法训练不仅注重力量和速度，还强调技巧和变化。从基本的前踢、横踢到复杂的转身踢、飞踢，跆拳道的腿法丰富多样，能够适应不同的实战需求。同时，跆拳道还注重腿法的隐蔽性和突然性，力求在对手不知不觉中发起攻击，达到出其不意的效果。

此外，跆拳道的腿法训练也有助于提高练习者的身体协调性和灵活性。通过不断的练习，练习者可以掌握如何运用腿部力量提高攻击的准确性和有效性。同时，腿法的练习也能够锻炼身体的平衡能力和稳定性，使练习者在对抗中更加稳健。

总之，跆拳道的腿法训练是其技术体系的核心，通过科学系统的训练，练习者可以掌握灵活多变、威力巨大的腿技，提高实战能力和自我防卫能力。同时，腿法的练习也是对练习者身体和意志的锻炼，有助于培养其坚韧不拔的精神和勇于挑战的勇气。

2. 以刚制刚

跆拳道，无论是在品势表演还是在实战对抗中，都特别强调运用“内劲”。这种内劲是指在执行动作时，练习者通过躯干和肢体肌肉的自然紧张，展现出动作的内在力量和充实感。这种内在的力量不仅使动作更加饱满，也提高了攻击的威力和效果。

在竞技跆拳道的实战中，进攻方通常采用连续的直线进攻方式，利用快速而连贯的组合腿法对对手进行密集打击，这种攻势往往令对手难以应对。而在防守策略上，跆拳道更倾向于使用格挡而非躲闪，展现出一种“以刚制刚”的风格。这种方法通过直接的力量对抗来抵御对手的攻击，体现了跆拳道的坚韧和直接性。

总的来说，跆拳道的“内劲”和“以刚为主”的攻防理念，不仅体现了这项武术的实战效率，也反映了其独特的哲学思想和战斗精神。通过这种训练，练习者能够培养出强大的内在力量和坚定的意志，无论是在身体上还是在精神上，都能达到更高的境界。

3. 迅猛搏击

跆拳道是一项注重击破能力的武术，其选手在心理和生理上都经过严格的训练，具备出色的防卫和攻击能力。在实战中，跆拳道选手能够突然发动迅猛的腿部攻击，运用多样化的腿法，尤其是腾空腿击和旋转腿击等高难度技巧，以直线起动，快速、准确、凌厉，主要攻击对手的头部，展现出强大的

杀伤力。

在进攻策略上，跆拳道强调快速连贯的组合腿法，通过连续攻势不给对手喘息的机会。这种连击快攻的战术，需要使用者在稍微闪避后立即近身，进入有效的攻击范围，确保不会错失战机。跆拳道的发力状态要求全身参与，如同火星触肤般迅速反应，体现为“出手软如绵，着实硬似铁”的内外合一。

跆拳道的力量不仅仅体现在攻击的硬度上，更在于其穿透力和连击的连贯性。每一次攻击都要求有如钻入、穿透的效果，追求“一击必杀”的效率，不给对手留下可乘之机。这种以迅猛搏击为特点的战斗风格，使得跆拳道不仅在实战中高效，也在精神和技术上对练习者提出了全面的要求。

4. 头脑敏捷，防身自卫

跆拳道是一项充满对抗性的运动，它要求参与者在与对手的直接接触和斗智斗勇中，充分发挥攻防技巧。这种高强度的互动不仅锻炼了练习者的身体，更显著提升了练习者神经系统的反应速度和灵活性。通过不断的实践和对抗，练习者能够增强各种运动素质，包括力量、速度、耐力、平衡和协调性，从而在对抗中更加敏捷和高效。

在跆拳道的训练中，击打和反击打的能力是核心要素。通过系统学习和反复练习，练习者能够自然地掌握一系列实用的进击技巧。这些技巧不仅在赛场上至关重要，更在现实生活中为练习者提供了有效的防身自卫手段。跆拳道的实战训练教会练习者如何在压力下保持冷静，快速判断形势，并采取适当的自卫措施。

总之，跆拳道不仅是一项提升身体素质和运动技能的武术，更是一种培养快速反应、机智应对和自我保护能力的方式。通过跆拳道的学习和实践，练习者能够在享受运动的同时，增强自身的安全意识和自卫能力。

5. 发声扬威

跆拳道不仅是一种身体上的锻炼，更是一种精神上的修炼。在跆拳道的品势表演和竞技比赛中，气势的展现至关重要。练习者通过发出洪亮而具有威慑力的声音，不仅能够彰显自己的自信和决心，还能够在心理上对对手形成压迫感。

在竞技跆拳道中，运动员通常会利用规则允许的发声来提振自己的士气，同时在气势上力图压倒对手。这种发声不仅有助于提升自身的斗志，还能够在裁判面前展示出击打的力量和效果，从而在得分上获得优势。此外，正确的发声还能够在出击时与动作同步，增强攻击的力量和速度，使每一次踢打都更加有力和准确。

因此，跆拳道的练习者通常会接受专门的发声训练，学习如何在不同的动作和情况下发出恰当的声音。这种训练不仅有助于提高比赛表现，还能够增强练习者的精神力量，使他们在面对挑战时更加从容不迫。通过这种对声势的强调，跆拳道练习者能够在精神和身体上都达到更高的境界，并展现出跆拳道独特的魅力和力量。

6. 功力测验

跆拳道的功力测验，包括“威力”和“特技”两个方面，它们是这项武术训练、表演、晋级和比赛中不可或缺的重要组成部分。由于跆拳道腿法和拳法具有显著的杀伤力，直接用于对抗可能会对运动员造成伤害，因此功力测验通常采用砖瓦或木板等物体作为目标。通过让选手使用规定的腿法或拳法击碎或击破这些物体，以有效地检验选手的力量、速度、准确性和技巧。

这种独特的测试方法不仅展示了跆拳道的实战能力，也成为这项武术的一个鲜明特征。它不仅考验了练习者的身体能力，更是对其精神力量和集中力的一种挑战。通过这种方式，跆拳道练习者可以在安全的环境中提升自己的技艺，并在晋级和比赛中展示自己的实力。

此外，功力测验还有助于增强练习者的自信心和成就感。当他们能够成功地击破目标物体时，不仅证明了自己技术的进步，也增强了继续训练和提升自我的动力。因此，功力测验在跆拳道中占有重要地位，是练习者成长和进步的重要标志。

三、跆拳道功力的练就方法

跆拳道功力的练就是一个全面且系统的过程，它要求练习者在技术、力量、速度、协调性以及心理素质等多方面进行长期而科学的训练。基础体能训练如跑步和跳绳有助于增强体力和耐力；柔韧性训练则通过拉伸提高身体的灵活性；技术练习确保动作的标准性和发力的准确性，特别是腿法和拳法的精准执行；击破技巧的学习，包括击打的角度、力度和速度，以及呼吸的配合，是提高击破能力的关键；爆发力训练、反应速度训练和协调性训练共同作用于提升瞬间发力和动作流畅性；心理训练强化意志和自信，帮助练习者在压力下保持最佳状态；实战演练和科学的饮食计划同样也是不可或缺的环节，它们分别提高了实际应用能力和支持了高强度训练所需的营养。在专业教练的指导下，练习者可以安全且有效地逐步增加训练难度，最终达到击破木板、砖瓦和石块等物体的能力，展现出跆拳道这项运动的实用性和吸引力。

1. 循序渐进，持之以恒

跆拳道的击破能力培养是一个循序渐进且需要持之以恒的过程。初学者应从轻软物品开始，如装有软垫的靶子，以确保击打时的接触部位能够适应而不受伤。随着练习的深入，当感觉拳面或脚部已经适应了初步的冲击时，可以逐渐减少软垫，直至能够直接击打更硬的物品，如砖块、瓦片和木板。在这一过程中，练习者会逐渐建立起力量和自信，最终能够轻松打断木板而不伤害到自己，体验到成就感和自信的增长。

此外，击破练习不仅是对身体素质的挑战，也是对意志力的锻炼和考验。练习者应避免急功近利，以防筋骨受损。同时，也要坚持练习，避免半途而废。在进行击破练习时，适当的热身运动和练习后的整理活动同样重要，它们有助于预防伤害并促进身体恢复。通过这样科学和系统的训练，跆拳道练习者可以安全而有效地提升自己的击破能力。

2. 身心合一

跆拳道的击破练习和表演要求练习者要达到身心合一的境界，以充分发挥人体的潜力。精神力量虽不可见，却能激发出人体巨大的能量。即便具备了击破两块砖头的实力，如果缺乏精神集中和身心协调，试验和表演就仍有可能失败。因此，精神准备在击破中占据着至关重要的地位。

要利用内在的精神力量，练习者可以采取几种方法：首先，想象被击物体易于破碎，降低心理障碍；其次，设想自己的击打力量无坚不摧，增强自信；最后，设想自己拥有强大的攻击力，能够迅速穿透物体。

实现身心合一的关键在于摒弃杂念，将全部注意力集中于击破目标。无论是在正式的表演中还是在平日的训练里，练习者都应保持这种专注度，以培养集中精力的习惯。通过这种方式，练习者能够在击破的瞬间，发挥出最佳状态，成功地展示跆拳道的功力和美感。

3. 掌握击破窍门

掌握正确的击破技巧对于获得跆拳道的击破能力同样重要。仅有热情而不了解击破的技巧，不仅会使表演显得笨拙，还容易导致失败。因此，练习者需要通过不断学习和深入钻研来掌握这些技巧，并且经常向富有经验的高手学习，以获得宝贵的指导和建议。

然而，值得注意的是，技巧的运用虽能提升表现，但终究有限。真正的关键还在于练习者自身的实际功力。这意味着，技巧可以优化击破的效果，但坚实的基础力量、准确的发力方式和无数次的练习才是成功击破的根本。因此，练习者在追求技巧的同时，更应注重自身功力的积累和提升。通过结合技巧和实力，练习者将能在跆拳道的击破练习中取得显著的进步和成功。

第二节　跆拳道实战表演

以下模拟一组跆拳道的双人竞技实战表演。

立正

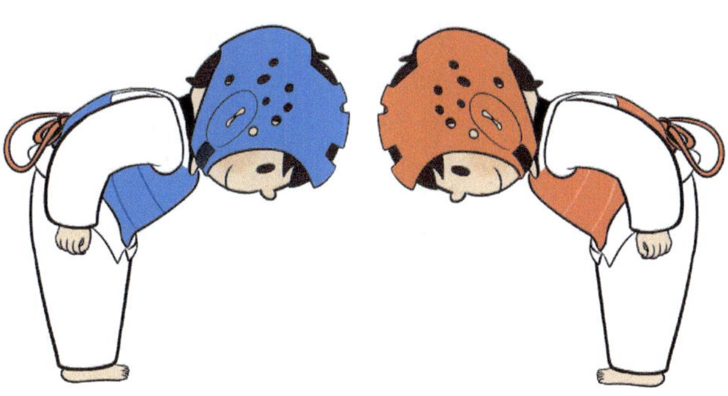

敬礼

准备

❸

❹

❺

6

7

8

9

10

11

12

13

14

实战表演

结束礼仪

（一）要点

1. 装备要求

两名对练者须穿戴全套护具，以保障安全。

2. 比赛规则

听从裁判员口令，按照规则进行比赛。

3. 技术运用

使用所学的腿法和步法等技巧进行攻防。

4. 得分规则

（1）有效击打部位：用脚踝以下部位击打对手腰带以上的部位。

（2）违规动作：对对手腰带以下部位的击打属于违规动作。

5. 拳法使用

直拳击打护甲可得分，其他拳法无效，且不能击打护甲以外的部位。

6. 得分要点

（1）头部得分：除后脑外，击打头部其他部位均为有效得分点。

（2）护甲得分：除手臂防守外，击打护甲其他部位均为有效得分点。

（二）提示

1. 礼仪

比赛前后双方须相互敬礼，体现跆拳道精神。

2. 动作控制

比赛中控制动作力度，以得分为目的，避免伤害对手。

3. 听从指令

必须遵循裁判员的口令，保证比赛的顺利进行。

4. 安全意识

在保证比赛激烈和精彩的前提下，安全始终是第一位的。

5. 技术与战术

根据对手的特点和比赛情况灵活运用技术和战术。

6. 心理准备

保持良好的心态，积极应对比赛中的各种情况。

附　录

××市中小学生跆拳道比赛规程

一、主办单位

××市教育局、××市文化（广电/旅游/体育）局

二、承办单位、竞赛时间和地点

承办单位：×××

竞赛时间：×××

竞赛地点：×××

三、参赛单位及组别

××市中小学校均可参赛，具体组别设置为：

1. 高中（含职校）组：可直接报名参赛。

2. 初中组：按区域划分，每区派相应数量学校参赛。

3. 小学组：按区域划分，每区派相应数量学校参赛。

4. 获上一年度××市中小学生跆拳道比赛各组别团体总分第一名的学校自动获得参赛资格。

四、竞赛项目

（一）高中（含职校）组

男子组：–54公斤级、–58公斤级、–63公斤级、–68公斤级、–74公斤级、+74公斤级

女子组：–46公斤级、–49公斤级、–53公斤级、–57公斤级、–62公斤级、+62公斤级

（二）初中组

男子组：–51公斤级、–54公斤级、–58公斤级、–63公斤级、–68公斤级、+68公斤级

女子组：–46公斤级、–49公斤级、–52公斤级、–55公斤级、–59公斤级、+59公斤级

（三）小学组

1. 小学乙组（小学1—3年级小学生）

男子组：–24公斤级、–26公斤级、–28公斤级、–30公斤级、–32公斤级、–35公斤级、+35公斤级

女子组：–23公斤级、–25公斤级、–27公斤级、–29公斤级、–31公斤级、–34公斤级、+34公斤级

2. 小学甲组（小学4—6年级小学生）

男子组：–31公斤级、–33公斤级、–36公斤级、–39公斤级、–42公斤级、–46公斤级、+46公斤级

女子组：–30公斤级、–32公斤级、–35公斤级、–38公斤级、–41公斤级、–44公斤级、+44公斤级

五、参赛条件

（一）参赛资格条件

1. 中小学组各校参赛运动员必须是在报名日期前具有××市正式学籍且为对应组别的本校全日制在读学生，只挂靠不就读或者半日就读的学生不能参赛，各单项规程另有规定的除外。

2. 运动员必须是同一所学校的在籍学生，在区级以上医院检查证明身体健康，适合参加对应项目的比赛，并在保险公司办理“人身意外伤害险”（含整个比赛期间和往返途中）者，方可报名参赛。

3. 各组别学生只能参加本组比赛，不能以小替大或以大替小。

4. 必须以学校为单位（班级比赛以该班级为单位）组队参赛，不允许任何形式的个人或联合组队参赛。

5. 各参赛代表队原则上需要统一服装。

（二）参赛年龄

以运动员身份证年龄为准。

（三）初中组、高中（含职校）组每队限报领队1名、教练员2名、运动员18名，每个级别限报2名运动员；小学组（包括小学甲组、小学乙组）每个级别限报2名运动员，每队限报领队1名、教练员2名、运动员24名。

（四）运动员必须凭第二代身份证原件参赛，否则不得参赛。各代表队报名时必须出示运动员第二代身份证原件和复印件，为防冒名顶替，大会裁判比赛时会根据复印件随时核查运动员真实身份。不提供身份证的运动员不得参加比赛。

（五）须经医院检查证明身体健康，适宜参加所报项目的比赛。参赛运动员人身意外伤害保险、健康证明由各代表队负责办理。运动员须经区级以上（含区级）医院检查，证明身体健康；各参赛单位必须为所有参赛运动员购买比赛期间（含报到、离会交通往返途中）的人身意外伤害保险（或自愿购买跆拳道专项险，二选一），并由赛事组委会检验保险原始凭证及健康证明，收复印件存档；如未能提供该两项（原件）凭证者，不予参赛。

（六）运动员因伤病不能参加比赛时必须向赛事组委会出示医学诊断证明，并经竞赛部门同意，否则作无故弃权处理，取消全部成绩。

六、竞赛办法

1. 采用最新审定的《中国跆拳道竞赛规则》和《中国跆拳道竞赛裁判法》作为裁判依据。

2. 比赛男、女子均实行个人对抗赛，采用单败淘汰制。

3. 采用电子护具，每场2局、每回合1分30秒、回合间休息30秒。若平局按《中国跆拳道竞赛规则》规定进入第三局：一分钟加时赛。

4. 各比赛项目报名人数少于3所学校或3人，取消该比赛。

5. 联席会议和抽签：比赛前一周进行（时间地点另行通知）。

6. 称体重：赛前一天，各代表队领队或派代表参加监称（时间地点另行通知）。

7. 教练员必须参加赛前举办的教练员联席会议，否则将不能进场执行教练工作。

8. 器材：运动员比赛必须佩戴和身高、体重相匹配的护裆（护阴）、护脚胫、护手臂、手套和护齿等。比赛采用电子护具，其中电子护头、电子护甲由组委会提供，由学校为本校运动员提供电子脚套、护裆、护脚胫、护手臂、手套、护齿。其中护脚胫、护手臂、护裆或护阴必须穿在道服内。上述安全护具不全，不按照要求穿戴的不得上场参加比赛。

9. 运动员因伤病不能参加比赛，必须出具本次比赛组委会指定医院的医学诊断证明，并经裁判长批准。运动员无故弃权者，将取消其本次参赛的所有成绩与计分，代表队将连带失去参与“体育道德风尚奖”评选资格，并在其所在队的团体总分中扣除9分（每人每项计）。

七、录取名次与奖励

1. 各组别均录取前八名，参赛队伍不足8队（含8队）的减一录取。

2. 各项目录取名次为第1，2，3，3，5，5，5，5名。获得小项前八名分别按9，7，5.5，5.5，2.5，2.5，2.5，2.5计分；其余类推。

八、奖项设置

团体总分奖按在各组别比赛中的得分之和计算，奖励团体总分前八名（若报名队伍在八个或以下，按实际参赛队伍数减一录取）。总分高者，名次列前；总分相等计冠军数，以此类推。另设体育道德风尚奖，优秀裁判员、教练员奖，按总规程要求评选。

九、报名

请各参赛队伍按照《2024年××市大中小学体育赛事安排表》中本次赛

事的时间安排，于报名截止时间前，将加盖公章的报名表、学籍表、照片、保险、身份证等相关材料按照程序（见报名材料）报送，报名截止后将不得更换运动员名单，逾期报名不予受理。

十、仲裁委员及裁判员由组委会统一选派

十一、本规程的解释权属××市教育局，未尽事宜另行通知